Bien commun recherché

FRANÇOISE DAVID

Bien commun recherché

Une option citoyenne

Direction éditoriale : Carine Guidicelli

Photos de la couverture : Benoît Aquin (sauf 2ᵉ rangée, 3ᵉ colonne)

Coordination de la production et maquette de la couverture :
Nicolas Calvé

Tous droits de reproduction et d'adaptation réservés ; toute reproduction d'un extrait quelconque de ce livre par quelque procédé que ce soit, et notamment par photocopie ou microfilm, est strictement interdite sans l'autorisation écrite de l'éditeur.

© Françoise David, 2004
© Les Éditions Écosociété, 2004

Dépôt légal : 2ᵉ trimestre 2004
ISBN 2-923165-05-5

IMPRIMÉ AU CANADA

Les Éditions Écosociété
C.P. 32052, comptoir Saint-André
Montréal (Québec) H2L 4Y5

Données de catalogage avant publication (Canada)

David, Françoise

   Bien commun recherché : une option citoyenne
   Comprend des réf. bibliogr.
   ISBN 2-923165-05-5

1. Option citoyenne. 2. Québec (Province) – Politique et gouvernement – 2003-   . 3. Québec (Province) – Politique sociale. 4. Justice sociale – Québec (Province). 5. Gauche (Science politique) – Québec (Province). I. Titre.

JL259.A56D38 2004	324.2714'0972	C2004-940686-8

Nous remercions le Conseil des Arts du Canada de l'aide accordée à notre programme de publication. Nous reconnaissons l'aide financière du gouvernement du Canada par l'entremise du Programme d'aide au développement de l'industrie de l'édition (PADIE) pour nos activités d'édition.

Nous remercions le gouvernement du Québec de son soutien par l'entremise du Programme de crédits d'impôt pour l'édition de livres (gestion SODEC), et la SODEC pour son soutien financier.

À Nellie

Remerciements

J'aimerais remercier Pierre Beaulne, Guylaine Bélanger, Marguerite Bilodeau, Éric Bondo, Gisèle Bourret, Alexa Conradi, Jean-François Delisle, Jean-Yves Desgagnés, Marie-Thérèse Forest, Jacques Fournier, Francine Godin, Denise La Frenière, Richard Langelier, Denise Laprise, François Larose, Marie-Iris Légaré, Claude Nadeau, Esther Paquet, Jean Proulx, Marcel Rollandin, François Saillant, Marie-André Thollon, Lina Trudel, Marjorie Villefranche et Laure Waridel pour leur contribution au texte et leur soutien amical.

Table des matières

Chapitre premier
Le choc de l'esplanade
Ou : Pourquoi plonger en politique ? 11

Chapitre II
La démocratie autrement
Ou : À quoi sert le pouvoir ? 21

Chapitre III
Bien commun recherché
Ou : Une société n'est pas une entreprise 27

Chapitre IV
Vivre ensemble
Ou : Un Québec tricoté « lousse », c'est mieux ! 37

Chapitre V
La question nationale
Ou : Être ou ne pas être... un pays 51

Chapitre VI
Une économie plus verte
*Ou : La solidarité ne pousse pas
chez les PDG de Wal-Mart* 59

Chapitre VII
Le rôle de l'État
Ou : Pourquoi nous ne payons pas trop d'impôts ... 75

Chapitre VIII
Au service du public
Ou : Mieux vaut être riche, diplômé et en santé 87

Chapitre IX
Et maintenant ?
*Ou : La balle d'une utopie réalisable
est dans votre camp* 103

À propos d'Option citoyenne 105
Notes 107

Chapitre premier

Le choc de l'esplanade
Ou : Pourquoi plonger en politique ?

On dira : « Ça y est ! Françoise David tombe dans le panneau de la politique, au risque de diviser la gauche, et sans beaucoup de chance de se faire élire, alors qu'elle a déjà un pouvoir d'influence... Qui la suivra dans cette aventure ? »

Certains écriront que je suis intègre mais naïve, crédible mais utopiste. On mettra en doute ma capacité à la fois d'avoir une vision globale... et d'organiser des soupers-spaghetti. On me reprochera de vouloir être la Ralph Nader du Québec, et de contribuer à la défaite du PQ (comme Nader aurait contribué à la défaite d'Al Gore à la présidentielle américaine de 2000). On m'accusera aussi de ronronner avec un discours de gauche complètement dépassé.

Je sais tout cela. Mais je sais aussi que des centaines, des milliers de Québécois et Québécoises sont tout aussi excédés que moi quand ils regardent le monde politique s'agiter à la télé, entre les scandales, le copinage, la langue de bois, les demi-vérités... Et ils se demandent: si nous continuons de laisser la politique à des gens qui n'ont qu'une faible vision du long terme et de l'intérêt général, que deviendra le Québec, que deviendront nos enfants et nos petits-enfants?

Sans avoir toutes les réponses, j'en suis venue à penser qu'il fallait proposer une alternative, un autre parti politique, un projet aux utopies réalisables, ici et maintenant, malgré les contraintes d'un fédéralisme centralisateur, du déséquilibre fiscal et de la mondialisation néolibérale. Un projet qui pourrait nous mener, pas à pas, étape par étape, à une société profondément renouvelée.

Comment en suis-je arrivée là? Parce qu'on m'y a poussée en quelque sorte. Parce que depuis plus de 10 ans, avant la marche «Du Pain et des Roses», et depuis la Marche mondiale des femmes, avec Au bas de l'échelle ou à l'intérieur de D'abord solidaires, en parcourant tous les coins du Québec, j'ai vu émerger une solidarité citoyenne, j'ai rencontré des milliers de jeunes et de moins jeunes prêts à se mobiliser pour un nouveau projet social et économique.

Mon chemin de Damas — si je puis dire! — a été jonché de doutes mais aussi de moments très éclairants. À commencer par le choc de l'esplanade...

Il était une fois... la Marche mondiale des femmes en l'an 2000

La scène se passe le 14 octobre 2000, sur l'esplanade de la Place des Arts, à Montréal. Une foule de 30 000 personnes s'est rassemblée pour la fin de la Marche mondiale des femmes, au Québec.

Depuis des mois, des milliers de femmes organisent, dans toutes les régions du Québec, les activités prévues du 9 au 14 octobre. Dans plus de 100 pays, des centaines de milliers d'autres femmes ont vécu ou vivent des élans de solidarité sans précédent. Dans quelques jours, la délégation internationale de la Marche confrontera à Washington les responsables de la Banque mondiale et du Fonds monétaire international, avant de défiler à New York devant l'édifice des Nations Unies et de rencontrer la secrétaire générale adjointe.

Au Québec même, le mouvement des femmes a présenté au gouvernement péquiste 20 revendications pour s'attaquer à la pauvreté et à la violence faite aux femmes. Il a rencontré plusieurs ministres ainsi que le premier ministre. Le 12 octobre, les porte-parole de la Marche au Québec apprennent de la bouche même de Lucien Bouchard que 90 % de leurs demandes ne seront pas satisfaites. Par contre, le gouvernement accepte de hausser le salaire minimum... de 10 cents l'heure! Cette réponse de l'État, méprisante, inepte, provoque la colère des quelque 40 000 Québécoises et Québécois mobilisés par la Marche depuis 10 jours. D'où l'énorme foule rassemblée devant la Place des Arts.

Je dois clore la Marche par un discours. Comment, malgré toute la déception, poursuivre le combat pour l'égalité et la justice sociale? J'émets plusieurs hypothèses: « Devons-nous envisager des gestes de désobéissance civile pacifique? Devons-nous organiser une grève lors d'un prochain 8 mars? Devons-nous penser à une alternative politique féministe et de gauche? »

À ces mots, une clameur jaillit des rangs. Les jours suivants, lettres et courriels affluent à la Fédération des femmes du Québec: on m'encourage à aller de l'avant, à créer ce nouveau parti. Cette idée a soulevé une vague d'espoir chez des milliers de personnes. Mais, malgré les nombreuses pressions, je ne me sens pas prête à relever un tel défi. En juin 2001, je quitte épuisée la Fédération des femmes du Québec, j'ai besoin de me retrouver, de mettre mes idées en ordre.

Durant les trois années qui suivent, je travaille pour un organisme de défense des non-syndiqués, Au bas de l'échelle, puis je fonde D'abord solidaires, un collectif de militantes et militants déterminés à contrer, par une campagne d'éducation politique et populaire, la montée des idées de droite au Québec. Grâce à ces différents engagements, j'ai l'occasion d'effectuer quelques tournées en région, qui me donnent le pouls de l'humeur politique et sociale des gens.

À la même époque, des partis de gauche s'unissent pour former l'Union des forces progressistes. Cette coalition politique présentera des candidates et candidats aux élections du 14 avril 2003 et remportera 1,5 % des suffrages, après avoir formé des alliances avec le Parti vert, présent aussi dans plusieurs circonscriptions.

On sent que le Québec progressiste a envie de bouger, de s'unir, de proposer de nouvelles alternatives. De la Marche mondiale des femmes au Sommet des peuples, à Québec au printemps 2001, une bonne partie de la population québécoise comprend que la mondialisation néolibérale provoque des catastrophes sociales, écologiques et politiques, et que les accords de libre-échange contribuent à l'affaiblissement des États et à la perte de nos acquis sociaux.

Les attentats du 11 septembre atteignent les Québécoises et Québécois au cœur. Mais leur sympathie et leur solidarité pour les victimes ne les incitent pas à appuyer le gouvernement de George W. Bush, qui utilise la lutte contre le terrorisme pour étendre l'empire américain sur des régions entières de la planète.

C'est ainsi qu'au Québec, à l'hiver 2003, des marches immenses contre la guerre en Irak réunissent des familles entières, toutes générations confondues.

Quelques semaines plus tard, pourtant, le Québec élit un gouvernement résolument néolibéral. Désir de changement? Usure du PQ? Influence de l'ADQ? Jean Charest ne cache pas qu'il veut amincir dramatiquement l'État, sabrer l'interventionnisme économique et réduire les impôts. Curieux paradoxe, quand même: au moment où la population semble de plus en plus consciente des enjeux internationaux de paix et de justice, une large part de l'électorat choisit un parti dont le programme ressemble fort à celui de gouvernements qui ont fait la preuve de leur manque de solidarité sociale: Harris, Blair, Klein...

Trois ans après le choc de l'esplanade, ma réflexion arrive à son terme. Je décide de m'engager sur le chemin de la politique partisane, avec l'espoir de contribuer à des changements sociaux, économiques et politiques en profondeur.

Pourquoi prendre un tel risque? Parce que les progressistes ne peuvent plus laisser la politique aux mains de gens dont la vision du monde se résume à ces mots: rentabilité, compétitivité, profits rapides, performance, baisses d'impôts, ravalement de l'État, etc. Parce que la croissance économique ne peut tenir lieu de projet de société à elle seule!

Justement parce que je crois à l'action politique, je ne veux plus agir seulement « dans la cité », à l'extérieur de l'arène politique. Autant le Collectif pour un Québec sans pauvreté que D'abord solidaires, autant la Marche mondiale des femmes que d'autres mouvements me l'ont prouvé : on peut influencer le pouvoir mais... jusqu'à un certain point seulement. Je crois fermement que notre projet de société doit être relayé à l'intérieur des murs de l'Assemblée nationale. Les mouvements sociaux ne peuvent suffire seuls à la tâche de proposer des orientations globales pour un Québec différent. Les appuis ponctuels de députés sympathiques, péquistes ou même libéraux ou adéquistes, ne suffisent pas. « Si tu ne t'occupes pas de la politique, disait Gilles Vigneault, la politique, elle, s'occupe de toi ! »

Je veux une société juste, égalitaire, solidaire !

Je crois qu'un autre Québec est possible. Le contexte nord-américain, néolibéral et de plus en plus conservateur, représente à la fois une contrainte et un défi pour un combat qui sera de longue haleine. Dans ce combat, nous travaillerons en solidarité avec les autres peuples du monde.

Je crois que c'est la politique qui doit inspirer nos décisions collectives : l'économie est au service de notre vision du monde.

Je crois que l'État doit s'appuyer sur la responsabilité citoyenne de chacune et chacun : nous sommes tous et toutes responsables, par exemple, de l'avenir de l'environnement.

Je crois qu'il n'y aura pas de changement sans les femmes : il faut corriger les inégalités persistantes, mais également nous inspirer des expériences collectives vécues par les femmes pour changer la politique.

Je crois que ce Québec possible est à construire maintenant, même si le Québec n'a pas tous les leviers de son développement. La question nationale est à repenser à la lumière de la mondialisation, et d'un projet social cohérent.

Voilà mon credo.

Mais pourquoi pas le Parti québécois ?
J'entends déjà l'objection : pourquoi alors ne pas monter dans un véhicule déjà bien rodé, c'est-à-dire le Parti québécois (PQ) ?

Des progressistes, de milieux syndicaux surtout, viennent de faire ce choix. Monique Richard, Marc Laviolette et d'autres ont décidé d'investir le PQ, qu'ils voient comme le seul véhicule efficace pour porter à la fois le projet de souveraineté et un projet social-démocrate. Vrai, l'actuel mode de scrutin favorise les partis « institutionnels ». Vrai que des questions stratégiques se poseront aux progressistes lorsque viendront les prochaines élections provinciales.

Qu'est-ce qui m'empêche de me rallier à mon tour, d'entrer au PQ avec l'objectif avoué de le tirer vers la gauche ? D'abord, je n'ai pas confiance en la direction de ce parti qui m'a déçue trop souvent, particulièrement lors de la réforme de la sécurité du revenu et de la Marche mondiale des femmes. S'il a parfois adopté des politiques progressistes, le gouvernement du Parti québécois s'est plié aux arguments néolibéraux en appuyant sans discernement l'Accord de libre-échange nord-américain (ALENA) et en menant sa fameuse lutte contre le déficit. Une lutte trop rapide, mal planifiée, dont nous subissons encore les conséquences.

De plus, le PQ poursuit avant tout l'objectif de réaliser la souveraineté du Québec. Cet objectif — parfaitement légitime — oblige le parti à entretenir une coalition arcen-ciel de souverainistes qui partagent l'idéal de se donner un pays... mais pas forcément celui de construire un Québec de la solidarité sociale.

Je ne veux pas ici m'en prendre aux personnes qui espèrent « faire virer le PQ à gauche », mais j'ai trop de doutes pour me lancer dans cette aventure-là. Je préfère contribuer à mettre au monde une alternative politique capable de rassembler toutes les personnes déçues des visions traditionnelles. Un projet aux utopies réalisables, qui s'incarne dans des propositions concrètes, ici et maintenant. Un projet qui puisse être partagé par les femmes et les hommes de toutes les régions du Québec, de tous les milieux, de toutes les origines.

Cela ne nous dispensera cependant pas de réfléchir stratégiquement à la meilleure façon de battre le gouvernement Charest aux prochaines élections. Mais commençons par mettre sur pied le parti dont nous rêvons, engageons-nous fermement dans la bataille pour l'obtention d'un véritable scrutin proportionnel... et donnons-nous le temps de débattre de nos stratégies électorales.

Alors, pourquoi pas l'Union des forces progressistes ?

J'entends alors l'autre objection : pourquoi alors ne pas rallier immédiatement l'UFP, qui est un parti neuf et de gauche ?

J'ai suivi avec intérêt — et un certain scepticisme, je le confesse — la création de l'Union des forces progressistes, cette énième tentative d'unité de la gauche. Car le « mariage » ne s'est pas fait sans douleur. Cependant, la coalition a vu le jour et a réussi à présenter des candidatures aux dernières élections provinciales, après entente avec le Parti vert. Certains de ces candidats ont obtenu un score très honorable. Plus que cela, l'UFP a commencé à intéresser des militantes et militants engagés dans les mouvements sociaux et en recherche d'une alternative politique.

Alors, pourquoi ne pas les suivre? Parce que j'avais des réserves sur une plate-forme électorale qui me semblait manquer de fil conducteur, d'une orientation claire. Parce que le langage, le discours, le fonctionnement de l'UFP me paraissent parfois rébarbatifs, si l'on veut convaincre et rallier la population à un projet social et politique. Parce que, malgré un engagement ferme du parti quant à la place que les femmes doivent y occuper, il est difficile de percevoir un réel leadership de celles-ci lorsque l'on observe l'UFP de l'extérieur.

Parmi les nombreux militants et militantes que je côtoie, plusieurs expriment le même genre de malaise vis-à-vis du jeune parti, les femmes particulièrement. Elles et ils souhaitent effectuer leur propre démarche politique, intégrer les analyses progressistes mais aussi féministes, écologistes et altermondialistes. Ce qui n'exclut en rien un désir d'unification de la gauche.

Et maintenant: Option citoyenne!

Voilà pourquoi nous sommes environ 200 à lancer un mouvement politique, baptisé pour l'instant Option citoyenne. Notre objectif est clair: contribuer à la construction d'un Québec centré sur la recherche du bien commun en introduisant dans la sphère politique une alternative porteuse d'espoir.

Nous lançons d'abord cette modeste plaquette, qui n'est ni un programme ni une plate-forme électorale. Ce texte, auquel ont collaboré une trentaine de personnes, est là pour être commenté, enrichi, contesté. Voyez-y simplement un outil de discussion — il faut bien commencer quelque part — qui nous permettra d'aller plus loin ensemble.

Car Option citoyenne a désormais pignon sur rue et adresse Internet. Dès l'été, nous sillonnerons les régions du Québec et nous discuterons avec vous des orientations proposées ici. En novembre, tous ceux et celles qui auront adhéré au mouvement seront invités à une large rencontre, pour adopter des principes généraux et quelques propositions sur des thèmes centraux.

Puis, Option citoyenne se tournera vers l'Union des forces progressistes et le Parti vert. Nous aurons des discussions sérieuses avec un objectif, notre première utopie réalisable: qu'au printemps 2005, il y ait au Québec un seul parti politique de gauche, féministe, écologiste et rassemblant tous ceux et celles qui veulent bâtir un Québec de la solidarité.

Chapitre II
La démocratie autrement
Ou : À quoi sert le pouvoir ?

> « *Il ne suffit pas de prendre le pouvoir mais bien de le transformer* [1]. »
>
> Anne Latendresse

J'OBSERVE que de plus en plus de personnes se désintéressent de la vie politique. Ce qu'elles en voient les décourage : oubli des programmes politiques, mépris des recommandations issues des consultations publiques, politique-spectacle, langue de bois, magouilles, fraudes, coups en bas de la ceinture, opportunisme, etc. Mais la politique peut être bien autre chose ! La politique, c'est un outil de changement social, c'est avant tout s'occuper de nos affaires, c'est l'engagement de chacun et chacune à un effort collectif. À condition bien sûr de susciter la participation de l'ensemble des citoyennes et des citoyens aux décisions.

Déjà, des milliers de mouvements sociaux, abusivement appelés « lobbies » par les penseurs de droite — qui eux, bien sûr, n'ont pas de lobbies ! — regroupent des centaines de milliers de personnes, au Québec. Ils dénoncent des situations abusives et proposent des solutions. La Fédération des femmes du Québec (FFQ), le mouvement syndical, le Collectif pour un Québec sans pauvreté, les groupes environnementalistes, le Front d'action populaire en réaménagement urbain (FRAPRU), les milliers d'organismes communautaires implantés dans tous les coins du Québec, les groupes altermondialistes, etc.: tous ces groupes sont essentiels à la démocratie et leur existence doit être soutenue par toute la collectivité.

Parallèlement, des milliers de citoyennes et de citoyens se mobilisent ponctuellement, dans leur communauté locale, contre l'élargissement d'un dépotoir, la fermeture d'un hôpital ou d'une usine, le passage d'une autoroute, ou bien pour le maintien de l'école du village, la construction de logements sociaux, la protection du patrimoine.

Peut-on aller plus loin et imaginer de nouveaux lieux de participation démocratique locaux et régionaux? Plusieurs prônent la mise sur pied d'assemblées populaires dans les quartiers, les villes, les villages, pour que les élus rendent compte de leur gestion, soient forcés d'entendre les citoyens et les citoyennes et les impliquent dans les décisions. On invoque souvent le budget participatif de Porto Alegre, au Brésil: l'expérience réunit des milliers de personnes qui décident ensemble d'une partie des priorités budgétaires de leur ville.

Mais les Brésiliens rencontrés au Forum social mondial nous l'ont dit: cette forme de démocratie participative est exigeante. Elle demande de consacrer du temps aux affaires de la cité. Elle suppose que de vrais débats s'organisent, confrontant des points de vue divers. Elle exige la prise de parole de celles et ceux qu'on n'entend jamais, en premier lieu les personnes pauvres.

L'initiative de Porto Alegre pourrait-elle se reproduire à Montréal, Sherbrooke ou Baie-Comeau? Après tout, c'est au niveau municipal que se jouent aussi les enjeux cruciaux de l'environnement, du logement social, de la santé publique, de la sécurité urbaine, de la culture et des loisirs, etc. On rêve de voir de nouveaux leaders issus des mouvements sociaux ou des assemblées citoyennes se présenter aux élections municipales.

La gauche devra cependant approfondir sa réflexion sur le délestage de responsabilités et de pouvoirs effectué par l'État québécois vers les municipalités. Désengagement de l'État central? Ou opportunité pour les populations de prendre plus de pouvoir? Que l'État s'efface derrière les élus municipaux menace-t-il la cohésion d'un projet social et national destiné à tous les Québécois? Les nouveaux pouvoirs locaux auront-ils assez de moyens financiers pour garantir aux citoyennes et citoyens les mêmes droits et les mêmes possibilités dans toutes les régions?

Mouvements sociaux, mobilisations citoyennes, politique municipale, démocratie de proximité: tous les champs de bataille sont à investir pour qui veut changer le désordre actuel des choses.

Option citoyenne choisit le terrain national

Malgré son statut de province, le Québec dispose de pouvoirs qui marqueront notre devenir collectif en santé, en environnement, en éducation, en sécurité du revenu. Plus question de laisser le champ libre à des décideurs de droite ou de centre droit (parfois de gauche « molle »!). Leurs gestes sont trop lourds de conséquences.

La décision prise, le vrai chantier s'ouvre devant nous. Car cette politique, il faudra bien la transformer. Comment rendre le pouvoir accessible, centré sur la recherche du bien commun, respectueux des différences et des préoccupations de la population ?

Cessons de bougonner et commençons par revaloriser le politique. La tâche de représenter l'électorat et de servir le bien commun est noble ! On doit y voir un service public inestimable. Admettons aussi que les politiciennes et politiciens ne sont pas tous des « pourris », comme le veut une certaine croyance populaire. Plusieurs députés font de leur mieux, mais notre système parlementaire les empêche souvent de jouer leur rôle à fond.

Imaginons donc une nouvelle démocratie parlementaire, une Assemblée nationale où les députés auraient un rôle plus actif, s'impliqueraient davantage, par exemple dans la préparation des projets de loi. Ils et elles pourraient s'y exprimer plus souvent et plus librement, tout en respectant les orientations générales de leur parti.

Imaginons aussi des façons novatrices de renforcer les liens entre la population locale et son député : une assemblée bisannuelle, des consultations systématiques sur les projets de loi importants, des sites Internet participatifs ?

Plus largement, pourrions-nous imaginer de nouveaux forums de discussion entre le gouvernement et la population ? Un canal permanent de communication, au-delà des sommets par trop préarrangés ? Quel serait alors le rôle des médias et des nouvelles technologies ?

Pour un mode de scrutin plus démocratique !
Il faut aussi, et ça presse, réformer notre système électoral. Un mode de scrutin largement proportionnel favoriserait l'émergence et l'élection de candidates et de candidats de tiers partis. On entendrait en chambre des voix véritablement plurielles. De plus, la proportionnelle provoque sou-

vent des gouvernements de coalition, donc une nouvelle dynamique entre des partis forcés de négocier et de coopérer pour gouverner.

Le gouvernement libéral de Jean Charest s'est engagé en 2003 à réformer le mode de scrutin. Il est devenu bien timide, depuis. Un an plus tard, on nous annonce un projet de loi imminent qui introduirait des éléments de proportionnelle régionale… mais ne favoriserait aucunement des candidats de tiers partis. En fait, c'est… le Parti libéral du Québec qui en sortirait gagnant. Quant au Parti québécois, il reste coi, par crainte qu'un scrutin à la proportionnelle ne divise le vote souverainiste. Belle conception de la démocratie!

Une question intrigante: la proportionnelle, là où elle existe, avantage-t-elle l'inclusion politique des femmes? Apparemment, oui. Les listes de candidates et candidats permettent aux gens de juger non seulement des programmes, mais de la volonté d'équité des partis. Facile de voir si des femmes sont en tête de liste, avec de bonnes chances de passer.

Réinventer la démocratie
Réinventer la démocratie, c'est enfin imaginer un parti profondément démocratique, qui soit à l'écoute des gens mais aussi au-devant d'eux, capable de les stimuler par des idées fortes. Un véhicule politique dont les leaders seront connus et les orientations claires, mais qui fonctionnera dans la plus grande collégialité.

L'expérience du mouvement des femmes, dont sont issues plusieurs membres d'Option citoyenne, nous sera très utile. À y travailler pendant 15 ans, j'ai constaté qu'on y favorise les débats, mais aussi la recherche de consensus menant à l'action. On y encourage l'expression des groupes minoritaires tout en développant une vision commune des priorités. On reconnaît le leadership, mais on s'outille pour négocier d'égale à égale. On met au premier plan l'éducation populaire et la réflexion sur les enjeux sociaux. On gère les conflits — inévitables! — avec le souci de l'intérêt collectif. Et on tente d'instaurer un climat de travail marqué par la coopération.

Bien sûr, le mouvement des femmes n'échappe pas aux disputes, guéguerres de clocher, luttes de pouvoir, etc. Mais il y règne une authentique volonté de partager le pouvoir autrement, qui pourrait et devrait inspirer le fonctionnement de notre parti.

D'ailleurs, d'autres partis de gauche, au Québec et dans le monde, ont tenté et tentent encore de fonctionner dans une certaine collégialité. Dans un contexte néolibéral, marqué par une compétition féroce et un individualisme exacerbé, il est ambitieux de faire vivre un parti aux valeurs collectives, fondées sur la solidarité. Il faudra pourtant que nous y arrivions, malgré les glissements inévitables.

Finalement, un parti de gauche doit inclure dans ses rangs des personnes reflétant la diversité québécoise, culturelle, linguistique ou régionale, etc. Il doit recruter et présenter des femmes autant que des hommes — et veiller à ce que ses candidats proviennent aussi des couches défavorisées de la population.

Chapitre III
Bien commun recherché
Ou : Une société n'est pas une entreprise

Au Forum social mondial de Mumbai (l'ancienne Bombay) en janvier dernier, j'ai pris la mesure des drames humains cachés derrière les chiffres des Nations Unies ou des ONG. Ces chiffres effarants que nous reprenions, par exemple, dans le site Internet de la Marche mondiale des femmes :
- Les femmes possèdent moins de 1 % des richesses de la planète ; elles fournissent 70 % des heures travaillées et ne reçoivent que 10 % des revenus ;
- Environ 80 % des 27 millions de réfugiés recensés sur la planète sont des femmes ;
- Les deux tiers des 300 millions d'enfants n'ayant pas accès à l'éducation dans le monde sont des filles.

J'avais aussi lu Jean Ziegler :

> Chaque jour, sur la planète, environ 100 000 personnes meurent de faim ou des suites immédiates de la faim. [...] Plus de 2 milliards d'êtres humains vivent

dans ce que le Programme des Nations Unies pour le développement appelle la misère absolue, sans revenu fixe, sans travail régulier, sans logement adéquat, sans soins médicaux, sans nourriture suffisante, sans accès à l'eau propre, sans école[1].

Cette misère absolue, je l'ai côtoyée en Inde lors du dernier Forum social mondial. Le scénario est archiconnu, hélas. Des milliers de paysans pauvres émigrent vers les villes en quête d'un avenir meilleur pour leurs enfants. Ils y trouvent la misère, la surpopulation, une pollution effrayante. Des familles entières vivent sur les trottoirs ou sous les viaducs des autoroutes, sans un toit pour abriter leur détresse. C'est là que les mères lavent, cuisinent, cousent et prennent soin de leurs enfants. Tous les adultes et beaucoup d'enfants cherchent à travailler pour gagner les quelques sous qui leur permettront de survivre.

Pendant ce temps, une mince couche de la population s'enrichit scandaleusement et une classe moyenne émerge. Mais à quel prix ! Un cadre indien travaillant pour une entreprise étrangère me confie son ras-le-bol devant l'obligation de performance qui lui est imposée : « Vous appartenez à l'entreprise ! Elle peut vous demander de travailler le nombre d'heures qu'elle désire, à ses conditions. Si vous refusez, elle n'aura aucun problème à vous remplacer. »

Cette réalité est-elle si éloignée de celle que nous connaissons au Québec ? Nous entendons parler régulièrement des restructurations d'entreprises, des licenciements qui font monter les actions en Bourse, de la précarisation des emplois. Notre environnement est menacé par des choix économiques et politiques à courte vue, car les profits l'exigent. En clair, les dirigeants économiques font la pluie et le beau temps sur cette planète et les dirigeants politiques applaudissent ou protestent mollement quand la situation devient par trop intolérable. On nous ment lorsqu'on affirme que la croissance économique et les accords de libre-échange font le bonheur des peuples: la richesse créée ne profite pas à tous et à toutes.

Un rapport récent de l'Organisation internationale du travail (OIT) le confirmait:

> Loin de contribuer à réduire les inégalités entre les 20 pays les plus riches et les 20 pays les plus pauvres, les 40 dernières années ont vu la richesse par habitant des uns passer de 212 $ à 267 $ alors que celle des autres grimpait de 11 417 $ à 32 339 $ [2].

Même le Prix Nobel de science économique Joseph Stiglitz a eu ce cri du cœur: « J'ai constaté, quand j'étais à la Banque mondiale, l'impact dévastateur que peut avoir la mondialisation sur les pays en développement et d'abord sur leurs populations pauvres [3]. »

Et au Québec?

Les élites économiques et politiques québécoises ont commencé à proposer l'idéologie néolibérale à la population au cours des années 1980. Lors de la croisade pour le libre-échange nord-américain en 1988, péquistes et libéraux, au Québec, se sont alliés à Brian Mulroney, alors premier ministre fédéral conservateur, pour convaincre les peuples québécois et canadien des vertus de cet accord entre le Canada et les États-Unis. Les exportations québécoises vers les États-Unis ont augmenté, certes, mais nous nous sommes engagés progressivement dans un processus politique et économique qui affaiblit la souveraineté des États et place les intérêts commerciaux des entreprises avant ceux des populations.

Sous le gouvernement Bouchard, nous avons vécu des années difficiles. Coupes massives dans les services publics (santé et éducation surtout), avec les conséquences que nous connaissons : diminution des budgets de l'aide sociale, laxisme total au plan de l'environnement, baisses d'impôts alors que l'État manque d'argent pour remplir ses mandats, fusions municipales forcées avec peu d'appui populaire, réponses navrantes à l'immense mobilisation générée par la Marche mondiale des femmes en 2000, abolition de décrets, notamment dans l'industrie du vêtement où des milliers de femmes, surtout immigrantes, travaillent dans des conditions difficiles. Bien sûr, on opposera les garderies à 5 $ et la Loi sur l'équité salariale. Il est vrai que ce sont des avancées majeures pour une partie de la population. Mais le ton général et la majeure partie des politiques péquistes ont été marqués par une foi quasi sans faille dans le marché et la mondialisation.

Le 14 avril 2003, après qu'une partie de la population québécoise ait flirté avec l'ADQ, les libéraux de Jean Charest ont été élus, mais 30 % des électrices et électeurs ne sont pas allés voter. Cet abstentionnisme inquiétant marque une sorte de rupture entre une partie de la population québécoise et la classe politique : on n'a plus confiance, on ne veut plus rien savoir !

Après l'élection de Jean Charest et de son équipe, la population a retenu son souffle, s'est inquiétée, a voulu espérer qu'il n'irait pas trop loin ni trop vite.

Le réveil est brutal. Loin des valses-hésitations péquistes, le nouveau gouvernement s'empresse d'attaquer les libertés syndicales, de favoriser la privatisation partielle de services publics, d'encourager la production d'énergie polluante, de promouvoir des baisses massives d'impôt et d'abolir des lieux de concertation régionale, les Conseils régionaux de développement (CRD), qui permettaient à la société civile de débattre de développement économique et social aux côtés des élus locaux. C'est la définition même de l'État qui est en cause; on veut lui imposer une cure minceur qui en diminuera forcément l'importance. Le Conseil du patronat du Québec (CPQ) pavoise, il se sent enfin compris! Pourtant, le processus de déréglementation entrepris sous les péquistes aurait dû le satisfaire. Mais non, les entreprises sont insatiables, particulièrement les grandes, regroupées au sein du CPQ: il faut maintenant éliminer toute entrave à la sous-traitance et affaiblir le mouvement syndical québécois, le plus fort en Amérique du Nord. C'est une question de compétitivité, évidemment!

Nous en sommes là. Une bonne partie de la population s'élève contre la violence ordinaire de grands financiers sans cœur et sans conscience, constate la persistance d'inégalités intolérables dans une province riche et s'inquiète de la protection de l'environnement (le dernier budget opère des coupes majeures au ministère de l'Environnement, d'ailleurs!). Des mouvements sociaux dénoncent la dérive néolibérale. Dans tous les secteurs, culture ou environnement, syndicats, organismes communautaires ou groupes de femmes, l'heure est à la mobilisation, à la revendication, à la réflexion et à la solidarité.

Une société du bien commun
Option citoyenne, pour sa part, propose une société centrée sur la recherche du bien commun avec la conviction

qu'il n'y a d'avenir pour le Québec et le monde que dans la réaffirmation de valeurs fondamentales, soit :
- l'égalité des droits et des chances ;
- une juste répartition de la richesse entre les individus et entre les peuples ;
- le respect des libertés individuelles et collectives reconnues dans les chartes, déclarations et conventions universelles ;
- le droit des peuples à disposer d'eux-mêmes ;
- la négociation plutôt que l'affrontement pour régler les différends (et donc, la construction d'une véritable culture de la paix) ;
- la lutte contre le sexisme, contre le racisme et contre toutes les formes de discrimination ;
- un développement axé d'abord sur la satisfaction des besoins essentiels pour toute l'humanité et qui tienne compte de la fragilité écologique de la planète.

Ce choix, nous devrons l'enraciner dans le paysage politique québécois. Nous pourrons bâtir cette société nouvelle sur nos acquis, tout en tenant compte des réalités du XXIe siècle.

Car nous avons beaucoup d'acquis, au Québec. Une Révolution tranquille qui nous a donné un État national et des systèmes publics de santé et d'éducation. Une révolution féministe qui a enfin amené des femmes dans l'espace public et qui a donné aux hommes et aux femmes des droits juridiques égaux. Des coopératives et d'autres entreprises cogérées ou autogérées, une extraordinaire vitalité des mouvements sociaux et de nombreux organismes d'entraide. Des programmes sociaux, insuffisants certes, mais qui font l'envie du reste de l'Amérique du Nord. Une vie artistique remarquable. Des régions dynamiques.

Une vie démocratique intense. Une grande inventivité dans le domaine des nouvelles technologies, etc.

Bien sûr, tout n'est pas rose et c'est bien pourquoi nous nous mobilisons. Trop de Québécois et surtout de Québécoises sont pauvres dans une province riche. Nous négligeons notre environnement — malgré une prise de conscience de plus en plus vive. Des régions se vident faute d'emplois disponibles. Nos écoles favorisent de moins en moins l'égalité des chances. Plusieurs immigrantes et immigrants n'arrivent plus à suivre des cours de français faute de budgets adéquats dans les organismes chargés de cette mission. Nos artistes et nos organismes culturels crient au secours. Les personnes âgées ou handicapées ont des services réduits, etc. Sans compter des problèmes sociaux auxquels nous devons nous attaquer résolument : détresse de nombreux jeunes, violence faite aux femmes, isolement urbain mais aussi rural, suicides.

Il nous appartient de faire face à ces problèmes, solidairement, confiants que nous trouverons les solutions ensemble, malgré les difficultés politiques, économiques et sociales. Malgré les cyniques qui nous traiteront d'utopistes. Eh bien, revendiquons l'utopie ! Car elle sera demain la réalité.

Mais qu'est-ce que le bien commun ?
Le philosophe français Jean-Paul Jouary écrivait, dans la revue *Virtualités* : « Le bien commun le plus précieux, c'est le fait d'agir en commun pour dépasser ensemble ce qui fait obstacle au progrès de tous et à l'épanouissement de chacun[4]. »

Il y a là tout un programme ! Ce qui me paraît intéressant dans cette affirmation, c'est qu'elle n'oppose pas la recherche du bonheur individuel à la nécessaire recherche de justice sociale. M. Jouary nous convie à une réflexion sur notre interdépendance, notre appartenance à une communauté et les responsabilités qui en découlent. Comment, en effet, atteindre l'épanouissement du potentiel de chacune et chacun d'entre nous sans le soutien des autres, sans la générosité et la solidarité des autres ?

Plus avant, cette définition du bien commun nous force à analyser ce qui fait obstacle « au progrès de tous et à l'épanouissement de chacun ». Lorsque, dans un pays du Sud, les enfants doivent travailler plutôt qu'aller à l'école à cause de la pauvreté de leurs parents, toute la société y perd des travailleuses et travailleurs qualifiés ainsi que des citoyennes et citoyens informés. Lorsque, au Québec, des régions entières se vident de leurs jeunes, faute d'emplois disponibles, c'est tout le tissu social qui s'en trouve appauvri. Quand des jeunes couples hésitent à avoir des enfants faute d'un travail stable et d'un soutien social suffisant, nous sommes toutes et tous concernés puisqu'il s'agit de notre devenir collectif. Il nous faut donc questionner les choix politiques, économiques et sociaux qui empêchent une société d'atteindre un plein épanouissement de toute sa population. Et ne pas s'en remettre, comme on nous y invite, à la « main invisible » du marché. L'économie doit être au service de la population, dans une perspective de progrès social, de justice et de lutte contre les inégalités.

La recherche du bien commun exige aussi que nous réfléchissions sérieusement à l'avenir de la planète. La Terre elle-même représente notre bien collectif le plus précieux et elle est malmenée par les décisions quotidiennes des prédateurs industriels ou financiers qui ne pensent qu'à leurs profits immédiats. Forêts dévastées, cours d'eau hautement pollués, gaz à effet de serre, villes étouffées par le smog, organismes génétiquement modifiés, où tout cela nous mènera-t-il ? Comment vivront nos enfants et nos petits-enfants ?

Il nous faut donc définir collectivement ce qui appartient à l'espace du bien commun. Il nous faut ensuite affirmer que des éléments essentiels à la survie des peuples et de la planète doivent appartenir au patrimoine mondial de l'humanité et être gérés collectivement par les peuples et leurs gouvernements élus démocratiquement. Pensons à la terre, à l'eau, à l'air, aux forêts, aux semences. Nous devrons élaborer des politiques fermes et interdire l'appropriation de ce patrimoine au profit d'intérêts particuliers.

Rechercher le bien commun, c'est s'appuyer aussi sur les conventions, chartes et déclarations internationales qui consacrent des droits humains fondamentaux, individuels et collectifs. C'est s'assurer du maintien et de l'amélioration de nos institutions démocratiques. C'est soutenir les citoyennes et les citoyens de tous les milieux qui veulent participer à la vie démocratique de leur région, de leur province, de leur pays. La recherche du bien commun valorise l'activité humaine solidaire, gratuite ou à but non lucratif et la reconnaît comme une composante fondamentale de la vie en société. Parce que nous avons besoin les uns des autres, nous devons ménager des espaces d'entraide et de développement socio-économique en dehors d'une logique uniquement marchande.

Oui, il est exigeant de souscrire à ces valeurs si éloignées du « confort et de l'indifférence ». Cette vision se fonde sur l'utopie assumée d'un monde meilleur, plus juste et plus humain. On criera sans doute à la naïveté mais étaient-ils naïfs ceux et celles qui, au début du XXe siècle, réclamaient l'abolition du travail des enfants en Amérique du Nord, soulevant l'ire des entreprises et l'épouvantail des faillites ? Étaient-ils naïfs les esclaves qui revendiquaient leur liberté ? Les mouvements féministes qui se battaient pour le droit de vote des femmes ?

Par où commencer ?
Le changement commence « entre les deux oreilles », par une nouvelle façon de voir le monde. Par le développement d'un esprit critique et constructif. Par la recherche de propositions alternatives à la société purement mercantile que l'on nous propose insidieusement.

Un avertissement, tout d'abord : s'entendre sur des principes ne garantit aucunement un accord instantané sur les stratégies à mettre en œuvre. La réalité est bien plus compliquée que cela.

Par exemple, fallait-il, au nom du bien commun et de la solidarité sociale, fermer ou non la ville de Murdochville, rendue exsangue par la fermeture de la fonderie Noranda ? Et qui devait prendre la décision : la population de la ville ou le gouvernement, dépositaire de l'intérêt de toute la population québécoise ? On peut avoir les meilleures intentions du monde, croire en la justice sociale et en l'égalité des sexes, des régions, des origines culturelles... et avoir peine à trancher. Rechercher le bien commun, c'est aussi accepter que des tensions naîtront inévitablement entre diverses composantes de la société, entre les intérêts individuels et collectifs. Ce n'est qu'en renforçant la vie démocratique et le débat public que nous trouverons l'équilibre nécessaire à l'organisation sociale la plus harmonieuse.

Chapitre IV

Vivre ensemble

*Ou : Un Québec tricoté « lousse »,
c'est mieux !*

Pendant 30 ans, j'ai travaillé et milité au sein d'organismes communautaires, syndicaux, féministes. J'y ai appris le bonheur d'agir en commun mais aussi la difficile coexistence des différences. La Fédération des femmes du Québec (FFQ) a été une école de vie très démocratique ! Organiser une Marche mondiale des femmes, c'est composer avec des cultures politiques, organisationnelles et religieuses différentes... en plusieurs langues !

Si, à la FFQ, nous avons réussi à réunir des milliers de femmes partageant le même idéal mais privilégiant souvent des stratégies différentes, c'est que nous avons misé sur le bien commun, sur des objectifs prioritaires, sur notre appétit de justice.

Le Québec n'est pas, n'a jamais été une société monolithique. Autant la collectivité a soif de projets rassembleurs, autant les individus d'aujourd'hui réclament qu'on respecte leur individualité. Les jeunes veulent être entendus et prendre leur place. Les personnes âgées demandent qu'on reconnaisse leur contribution à la société. Les femmes exigent qu'on élimine les inégalités persistantes à leur égard. Les gais et lesbiennes revendiquent les mêmes droits que les hétérosexuels. Les personnes immigrantes désirent être des citoyennes à part entière.

Il faut répondre à ces revendications légitimes tout en se ralliant autour d'un projet collectif.

En même temps, il y a des débats indispensables à poursuivre. D'abord, reconnaissons que le vieillissement de la population peut entraîner des conséquences économiques et sociales. La question est difficile, discutée trop souvent dans un climat de rancœur et dans un esprit uniquement comptable. Pourquoi ne pas reprendre le débat dans une perspective de solidarité intergénérationnelle ? Et dans la reconnaissance de ce que chacun, chacune peut apporter à la société ?

Et puis, il y a ce débat irrésolu des rapports entre les sexes. La montée de groupes masculinistes intégristes et la complaisance de certains médias à leur endroit provoquent des déchirements. Mais comment construire un projet social solidaire sans affronter les inégalités persistantes entre les hommes et les femmes ? Malgré les avancées juridiques indéniables des 40 dernières années, la vie quotidienne de trop de Québécoises est encore jonchée de petites et grandes violences. Iniquité salariale, pauvreté des mères monoparentales, soutien aux proches sans reconnaissance sociale, violence conjugale subie dans le silence, violence sexuelle, isolement des femmes immigrantes, difficultés socio-économiques des femmes autochtones... Toutes ces situations réclament une attention de l'État et un engagement de toute la société.

Ce qui ne nous empêchera pas d'être confrontés aux difficultés scolaires des garçons ou à la détresse des jeunes hommes. Au contraire! Les féministes, qui ont des pères, des frères... et parfois des fils décrocheurs, portent sur ces drames humains un regard particulier, plein de compassion mais aussi de rigueur. Elles s'interrogent entre autres sur la part des stéréotypes sexuels dans ces détresses masculines.

Pour nous, à Option citoyenne, il paraît important de lutter ensemble, hommes et femmes, contre les inégalités subies par les femmes, mais aussi de développer un espace de discussion pour aller plus loin que les vieux réflexes. Admettons que nos réflexions sont loin d'être terminées, en particulier sur l'existence de cultures masculine ou féminine, sur les différences qui en découleraient et sur les changements souhaités de part et d'autre.

Tous les humains sont de ma race!
«Tous les humains sont de ma race», chante depuis longtemps Gilles Vigneault. Le Québec de 2004, véritable enfant métis, lui en donne la plus belle image.

Car si le Québec est composé d'une population majoritairement française d'origine, ainsi que d'une minorité anglaise, d'importantes communautés culturelles en changent profondément le visage.

Selon Statistique Canada, 88 % de la population immigrée du Québec vivait à Montréal en 2001, et 13,6 % de la population montréalaise se définissait comme appartenant à une minorité visible. D'autres villes québécoises — Québec, Sherbrooke, Gatineau — comptent aussi quelques milliers de personnes immigrantes ou provenant de communautés installées au Québec depuis des dizaines d'années. En 2002, 19 % des nouveaux arrivants étaient des réfugiés.

Le Québec compte aussi 11 nations autochtones, pour un total d'environ 80 000 personnes, selon le recensement canadien de 2001, et qui vivent à 70 % dans une réserve.

Le français est la langue maternelle d'à peu près 80 % de la population, l'anglais, de 10 %, les autres 10 % se partagent plusieurs langues.

Comment est la vie de tous ces Québécois et Québécoises pas tout à fait « pure laine » ?

Le 22 décembre dernier, *Le Devoir,* dans une série consacrée aux nouvelles communautés culturelles, racontait l'histoire de Dragos et Mariana, deux immigrants roumains arrivés au Québec en août 2002. Mariana est comptable agréée, mais elle doit recommencer ses études ici pour pouvoir pratiquer. Quatre ans, à temps plein ! Dragos est ingénieur. Il doit réussir quatre examens pour voir son diplôme reconnu par l'Ordre des ingénieurs et ne peut le faire en moins d'un an[1]. Ce qui est irritant, c'est que la sélection des personnes immigrantes à l'étranger s'effectue essentiellement sur la base des études et de la formation professionnelle. Pourquoi donc, une fois ici, ne reconnaît-on pas ce pourquoi on les a choisis ? En 2001, le taux de chômage des personnes arrivées depuis moins de cinq ans était de 11,7 %, comparativement à 7,8 % de taux général.

Dans le même journal, on lit que deux Marocains poursuivent le gouvernement du Québec pour ne pas avoir traité leur dossier avec la même célérité que les dossiers provenant de pays européens. Leur avocate soutient qu'on analyse les demandes d'immigration de Maghrébins en

60 à 72 mois, alors qu'un Français, par exemple, verra la sienne traitée en trois ou quatre mois[2].

Rencontrée à Montréal, la directrice d'un organisme communautaire me rapporte l'énorme sentiment d'injustice vécu par les jeunes Noirs lorsqu'ils tentent de se trouver un emploi ou un logement. Comme par hasard, c'est toujours plus difficile que pour un Blanc! Les artistes issus de minorités visibles ont aussi plus de mal à voir leur talent reconnu que les autres artistes québécois... ou afro-américains! Ces jeunes d'origine haïtienne ou jamaïcaine, pour la plupart nés au Québec, ont l'impression d'être traités en citoyens de deuxième classe. Bref, tout n'est pas rose pour les « impure-laine ».

Heureusement, le Québec compte son lot d'histoires d'intégration réussie, de mariages interethniques heureux, de rencontres et d'événements interculturels magnifiques. Rappelons les marches pour la paix de l'hiver 2003, alors que 150 000 Montréalais et Montréalaises, toutes origines et langues confondues, vibraient ensemble, soudés au même objectif.

En fait, la plupart des Québécoises et Québécois sont heureux de la diversité culturelle qui anime le territoire. Ils ont progressivement pris conscience de la richesse de cette diversité, et pas seulement sur le plan culinaire! Nous apprenons les uns des autres, des valeurs et des modes de vie s'entrechoquent et nous font réfléchir, nous nous ouvrons mutuellement à la solidarité.

Justement, au nom de cette solidarité nouvelle, nous devons admettre l'existence au Québec d'un racisme insidieux, parfois systémique, souvent fondé sur l'ignorance et les préjugés. L'incendie récent d'une école juive nous appelle à une haute vigilance. Mais comment s'attaquer au racisme ?

Comment ? En prenant tous les moyens pour que cessent les pratiques discriminatoires à l'immigration. En instaurant un véritable programme d'accès à l'égalité en emploi avec des échéanciers connus et des objectifs quantifiables. En reconnaissant mieux les diplômes des personnes immigrantes, souvent empêchées de travailler dans leur secteur par des règles tatillonnes. En luttant contre toutes les pratiques discriminatoires à l'égard des communautés culturelles et des minorités visibles dans le logement, le travail, la justice, l'accès aux services publics. En montant des campagnes de sensibilisation plus convaincantes et en appliquant rigoureusement les lois et les chartes interdisant la discrimination raciale.

Par ailleurs, la lutte contre le terrorisme et l'obsession sécuritaire de l'après-11 septembre 2001 font des ravages. À travers tout le Canada, on observe une montée d'incidents à caractère raciste, en particulier contre la communauté arabe. On a arrêté plusieurs personnes arabes soupçonnées de sympathies terroristes, sans révéler les supposés éléments de preuve. Avec la complicité des autorités canadiennes, Maher Arar a été déporté des États-Unis vers la Syrie, où il a passé plus d'un an emprisonné et torturé sans savoir de quoi on l'accusait au juste.

Il ne peut y avoir, au Québec et au Canada, une telle justice à deux vitesses. Nous ne pouvons accepter que certains de nos concitoyens soient ainsi discriminés sous prétexte de lutte contre le terrorisme. Cette lutte, en plus de justifier un contrôle excessif de nos frontières, permettra bientôt aux autorités de réprimer impunément des mouvements sociaux jugés trop contestataires. Ce sont nos libertés démocratiques qui sont potentiellement menacées!

Il nous faut parler aussi de la condition de certaines femmes immigrantes au Québec. Plusieurs Québécoises craignent que la montée des intégrismes dans le monde — islamique, hindou ou chrétien — ne se répercute ici et fasse reculer les droits des femmes. Il vaudrait mieux ne pas taire ce débat, car tous les intégrismes ciblent d'abord les femmes. De nombreuses féministes, québécoises de naissance ou d'adoption, déplorent l'isolement et la discrimination subis par des femmes immigrantes ici même, au sein de leur communauté d'origine. Sauf que...

Sauf que les femmes des communautés concernées doivent pouvoir mener elles-mêmes ce combat pour l'égalité, avec les stratégies qui leur sont propres. Le rôle de la société québécoise est de les soutenir, activement. Car, faut-il le répéter, toute personne vivant au Québec doit avoir accès aux mêmes droits, aux mêmes chances, au même traitement judiciaire. Nos institutions et toute la société civile doivent concourir à cette égalité.

La difficile — et nécessaire — coexistence des nations
J'ai appris à la petite école que les « Sauvages » martyrisaient les missionnaires français et vivaient dans des tentes, avant d'être placés dans des réserves pour leur bien. Enfant, la sortie du dimanche à Caughnawaga (Kahnawake) représentait pour moi le summum d'une incursion en territoire exotique!

Il aura fallu la crise d'Oka pour que nous réalisions collectivement la détresse et la révolte des peuples autochtones. Des peuples oubliés, pauvres, dont on a souvent kidnappé littéralement les enfants pour les acculturer dans des pensionnats éloignés de leur milieu de vie. Des populations dont l'espérance de vie est moindre que celle des autres Canadiens : 76,6 ans chez les femmes (81,8 ans pour une Canadienne), 68,9 ans chez les hommes (76,3 ans pour un Canadien). Des communautés où 32 % des enfants vivent dans une famille monoparentale, le double du taux canadien. Des réserves où 70 % des habitants n'ont pas de diplôme d'études secondaires. Où les problèmes sociaux sont graves et nombreux : chômage, alcoolisme, violence [3].

Les femmes y vivent une discrimination particulière. Jusqu'en 1985, une autochtone qui épousait un Blanc perdait son statut d'Amérindienne. Elle n'avait plus accès, donc, aux services, aux soins de santé et d'éducation dans la réserve. Elle ne pouvait plus hériter de ses parents.

En 1985, on a modifié la Loi fédérale sur les Indiens et corrigé ces discriminations… mais seulement pour les femmes concernées. Elles ne pourront donc transmettre leur statut d'Amérindienne à leurs enfants. De plus, pour qu'elles soient réadmises dans leur communauté, le Conseil de bande doit donner son accord. À Kahnawake, par exemple, 3000 femmes attendent toujours une décision !

« Au rythme où vont les choses, rapporte Michèle Audette, ex-présidente de l'Association des femmes autochtones du Québec, certaines études laissent entrevoir qu'il n'y aura plus d'Indiens inscrits d'ici 40 ans, voire 25 dans certaines communautés [4]. » Il faut de toute urgence appuyer les femmes autochtones qui revendiquent des modifications importantes à la Loi sur les Indiens.

Oui au droit à l'autodétermination pour les nations autochtones

Nous avons compris que les peuples autochtones veulent être reconnus pour ce qu'ils sont: des nations, avec tous les droits que cela implique, à commencer par le droit à l'autodétermination. Nous avons commencé à les écouter. Ils revendiquent le droit de se gouverner eux-mêmes, d'assurer librement leur développement économique, social et culturel.

Ces dernières années, des avancées ont été réalisées: la Paix des braves avec les Cris ou l'Approche commune avec les communautés de Betsiamites, Essipit et Nutashkuan sur la Côte-Nord, de même que Mashteuiatsh au Lac-Saint-Jean.

Qu'est-ce que cette fameuse Approche commune qui a fait couler beaucoup d'encre? Ce projet d'entente reconnaît les droits des autochtones sur deux types de territoire. Sur le premier, plus limité, les Innus ont des droits de propriété complets, assortis de quelques restrictions. Sur l'autre, plus large, les Innus voient reconnaître leur droit de prélever des ressources à des fins alimentaires, sociales, rituelles et, dans certains cas, de subsistance.

Cet accord politique entre la nation innue, Québec et Ottawa, constitue pour les autochtones un grand pas en avant, mais il a provoqué les réactions agressives d'une partie de la population blanche de la Côte-Nord et du Lac-Saint-Jean, et, même dans la communauté autochtone, certains reprochent à leurs négociateurs un manque de transparence et de consultation. Cela démontre l'importance, dans l'avenir, de négociations qui impliquent toutes les populations; il faudra prendre le temps nécessaire pour conclure des accords durables.

Cette confrontation, aux allures parfois de psychodrame, nous renvoie aux limites de notre tolérance. La nation québécoise reconnaît les droits ancestraux des autochtones... mais cette reconnaissance est fragilisée dès qu'elle se matérialise par des ententes concrètes. Autrement dit, l'Autre a des droits tant que cela ne me dérange pas, ce qui est tout le contraire d'une véritable reconnaissance.

Il n'existe qu'une manière de résoudre ce genre de contradiction, c'est de se parler en toute bonne foi et en ne préjugeant pas de la mauvaise foi de l'autre. La nation québécoise, qui veut être reconnue comme telle, ne peut pas nier ce droit à d'autres nations installées sur le territoire bien avant elle ! Que nous reconnaissions l'ampleur des injustices subies par les premières nations, que nous acceptions leur droit à l'autodétermination n'entraînera pas nécessairement — contrairement aux craintes ressenties et alimentées par plusieurs — la « balkanisation » du Québec. Les peuples autochtones et québécois trouveront ensemble des moyens de partager harmonieusement le même territoire.

Encore une fois, tout au long de cette bataille des autochtones vers l'autodétermination, nous devrons soutenir les femmes : leurs associations veulent que l'autonomie recherchée profite à l'ensemble des communautés et des individus, dans le respect des droits fondamentaux et des droits des femmes. Car ce sont elles, les mères, les grands-mères, les organisatrices communautaires, qui combattent pied à pied, jour après jour, l'alcoolisme, la toxicomanie, le suicide et la violence, tous ces fléaux sociaux qui affaiblissent les communautés.

Nulle part au monde, la coexistence des nations et des cultures n'est une chose aisée. Et le Québec n'y échappe pas, comme on le constate vite à discuter, en famille ou au bureau, d'immigration ou d'autonomie autochtone.

Démocratiser la culture

Et si c'était notre propre identité qui se trouvait ainsi mise en jeu, légèrement ébranlée? Pourtant n'avons-nous pas, Québécoises et Québécois d'origines diverses, mais partageant largement une langue commune, une culture épanouie, florissante, entreprenante, qui devrait nous rassurer sur qui nous sommes en 2004?

À y regarder de plus près, nous découvrons que cette culture n'occupe pas la place qu'elle mérite dans notre société. Alors qu'elle répond à un besoin fondamental, voilà qu'elle est considérée comme un luxe, qu'elle vivote, peu accessible au grand nombre, si ce n'est dans ses formes les plus racoleuses et commerciales...

Lise Bissonnette, journaliste devenue «grande bibliothécaire», écrivait, dans sa préface du livre de Raymond Cloutier, *Le beau milieu*: «La démocratisation de la culture est un rêve de justice. Et comme la justice, elle est inatteignable, mais il est défendu de renoncer à y travailler[5].»

Comment croire que nous pourrions vivre sans chanson, sans musique, sans écrivains, poètes, chanteurs et chanteuses, danseurs et danseuses, cinéastes, peintres? Comme la vie serait morne sans les artistes qui mettent des mots, des images ou des musiques sur nos rêves!

Nous nous émerveillons régulièrement de leurs succès. Dans tout le Québec se développent des talents, des lieux de diffusion artistique, des événements culturels. Du

Festival international de cinéma de Rouyn-Noranda au Théâtre du Bic, en passant par le Festival Nuits d'Afrique, la culture québécoise s'exprime vigoureusement. Note intéressante: elle est de plus en plus métissée et riche de l'apport des néo-Québécois et néo-Québécoises, malgré leurs difficultés à se voir reconnus.

Malgré ce dynamisme, le comédien Raymond Cloutier pose sur notre situation culturelle un regard inquiet:

> Depuis le grand bond de la Révolution tranquille et malgré l'adoption tardive d'une politique culturelle en 1992, l'état des lieux est inquiétant. Occultée par nos réussites internationales, festivalières, par notre créativité effervescente et nos têtes d'affiche incontournables, la pauvreté ou misère culturelle n'en est que plus désolante[6].

Le Mouvement pour les arts et les lettres (MAL) ne dit pas autre chose lorsqu'il dénonce la pauvreté des moyens mis à la disposition des artistes et des organismes culturels pour diffuser véritablement la culture dans tous les coins du Québec. La culture d'un peuple ne peut pas rayonner et se renouveler s'il n'y a pas d'accessibilité aux arts et aux lettres, de sensibilisation des jeunes, de développement de nouveaux marchés par les organismes culturels et une large diffusion des œuvres.

Malheureusement, au Québec, ces conditions ne sont pas réunies. Plusieurs secteurs de la population n'ont pas de tradition de fréquentation des arts. On ne valorise pas suffisamment les arts à l'école. Les organismes culturels n'ont pas les ressources humaines et financières pour aller chercher de nouveaux publics et diffuser les œuvres plus largement.

Et les disparités régionales sont frappantes. Organiser de grandes tournées coûte cher : plusieurs groupes d'artistes n'ont donc pas les moyens de se faire connaître à l'extérieur des grands centres. Inversement, les productions artistiques régionales ont difficilement accès au marché métropolitain. Les artistes issus des régions migrent donc souvent vers Montréal, ce qui vide encore plus les régions de leurs forces vives.

Le Québec compte pourtant plus de 100 000 travailleuses et travailleurs de la culture, selon le recensement de 2001. Un secteur d'activité très important, donc, et beaucoup d'emplois. Le hic : ces emplois sont généralement assez précaires et le revenu moyen des artistes frôle la pauvreté. Les humoristes, par exemple, gagnent beaucoup mieux leur vie que les peintres et les danseurs. Et surtout les danseuses : l'équité salariale n'est pas davantage au rendez-vous dans le monde des arts ! Ainsi, en 2001 toujours, une peintre ou sculpteure gagnait en moyenne 12 000 $ par année contre 20 000 $ pour ses collègues masculins.

Ajoutons qu'une grande partie des artistes sont des travailleuses et travailleurs autonomes, qui ne disposent d'aucun filet de protection sociale. Qu'on se tourne de n'importe quel côté, la situation de la culture, au Québec, n'est donc pas aussi reluisante que les mégasuccès des Céline et Garou, *Star Académie* et *Don Juan* le laissent croire.

À Option citoyenne, nous plaiderons pour la culture, plus et mieux. Il faudrait entre autres revaloriser les arts à l'école, en inscrivant dans les programmes scolaires la fréquentation régulière des lieux culturels et des œuvres. C'est ainsi que l'ensemble des jeunes, et non un petit nombre d'urbains privilégiés, apprendront à se familiariser avec l'univers culturel et continueront de s'y nourrir à l'âge adulte.

Par ailleurs, pourquoi ne pas réfléchir sérieusement à des moyens nouveaux de démocratiser la culture, de la rendre accessible au plus grand nombre en l'inscrivant dans les milieux de vie et dans les espaces associatifs, dans toutes les régions du Québec ? Enfin, un État du bien commun devra soutenir financièrement les organismes culturels et les artistes. Ils et elles sont au cœur même de l'identité québécoise, dans l'expression de toute sa diversité.

Chapitre V

La question nationale

Ou : Être ou ne pas être... un pays

J'AI VOTÉ OUI au référendum de 1995. Et depuis ce temps, je m'interroge sur la suite des choses, à l'instar de beaucoup de Québécoises et de Québécois.

Ces dernières années, la question nationale québécoise a continué de soulever des passions... ou de provoquer un profond sentiment de lassitude ! Les deux attitudes sont compréhensibles.

D'abord, le référendum de 1995, avec un résultat extrêmement serré, n'a en rien résolu le problème constitutionnel. La population est toujours divisée, particulièrement chez les francophones.

Deuxièmement, le gouvernement fédéral a réagi aux résultats référendaires en durcissant ses positions vis-à-vis des volontés autonomistes du Québec et en empiétant de plus en plus sur des champs de compétence provinciale (Bourses du millénaire, Conseil national sur la santé, financement des municipalités, etc.).

Par contre, après deux référendums, une partie de la population est fatiguée de débattre d'une question aussi émotive et source de divisions. Elle préfère se concentrer sur d'autres enjeux: la santé, l'emploi, le rôle de l'État, la mondialisation...

Nous refusons, à Option citoyenne, de contourner la question. Pour nous, il est clair que le Québec forme une nation qui doit être reconnue comme telle et doit avoir les moyens de ses choix.

Alain Touraine définit une nation comme une société qui a suffisamment réfléchi sur elle-même pour acquérir la conscience de former une communauté politique enracinée dans une histoire et une culture [1].

À notre avis, une nation doit cependant être plurielle. C'est ainsi que nous devons reconnaître que toute personne habitant le territoire du Québec appartient à la nation québécoise, à l'exception des nations autochtones avec qui le peuple québécois doit définir des ententes fondées sur le respect des droits de chacun.

La nation québécoise repose sur une identité culturelle et une langue majoritaire — le français —, mais elle se définit aussi par ses institutions politiques, économiques et sociales. Après tout, le Québec lève une partie des impôts, adopte des lois de protection de la langue française, subventionne des milliers d'organismes communautaires, ouvre des délégations à l'étranger, contrôle une partie de l'immigration, fonctionne avec son propre code civil, soutient des centaines d'organismes culturels, a développé son modèle de développement local et régional.

La grande majorité des Québécoises et Québécois sont très attachés à l'identité et aux institutions québécoises, quelle que soit, par ailleurs, leur option constitutionnelle.

L'État du Québec est vu comme un État national, contrairement à ce qui prévaut dans les autres provinces canadiennes. Pour plusieurs cependant, le sentiment d'appartenance à la fédération canadienne est tout aussi palpable, quoique fluctuant selon les politiques adoptées par Ottawa à l'endroit du Québec. C'est à eux que pensait Yvon Deschamps : « Les Québécois veulent un Québec fort dans un Canada uni ! »

Dès les années 1970, le gouvernement Trudeau a « revisité » la confédération canadienne pour en faire une fédération, non plus fondée sur l'existence de deux peuples fondateurs (excluant les nations autochtones), mais sur l'affirmation d'une nation canadienne traversée par le multiculturalisme. Les années 1990 ont été fertiles en rebondissements : rejet de l'accord du lac Meech, puis de l'entente de Charlottetown, jusqu'à ce référendum à la conclusion ambiguë. Depuis, la position d'Ottawa s'est durcie, le gouvernement fédéral a traité de plus en plus le Québec comme « une province comme les autres ».

De l'autre côté, les sondages confirment, d'une année à l'autre, que les souverainistes québécois recueilleraient au moins 40 % des intentions de vote s'il y avait un autre référendum. Ce n'est pas la majorité des voix, mais bien assez pour affirmer — contrairement à ce que prétendent chroniqueurs ou éditorialistes — que la question constitutionnelle est loin d'être réglée.

Comment alors faut-il revoir la question nationale ? Un parti de gauche devra prendre position sur les enjeux constitutionnels, comme sur toute autre question politique, mais la réflexion d'Option citoyenne n'est pas achevée pour l'instant.

La majorité des membres d'Option citoyenne ont voté oui au référendum de 1995 — et ils referaient probablement le même choix demain. Nous ne voulons pas, cependant, adopter une position tranchée et sans appel. Nous souhaitons plutôt, avec toutes les personnes qui nous rejoindront pendant les prochains mois, clarifier les enjeux et mieux définir la relation entre notre projet social et le statut constitutionnel du Québec.

Avons-nous besoin de la souveraineté ?
En fait, nous pourrions le demander crûment : Avons-nous besoin de la souveraineté comme outil de changement social ? Est-il possible de réaliser au Québec un projet politique de gauche, inspiré par des analyses féministes, écologistes, pacifistes, altermondialistes et antiracistes, dans un contexte fédéral inchangé ?

Prenons quelques exemples. Comment réaliser un programme complet de construction de logements sociaux alors que l'essentiel de l'argent est à Ottawa ? *Idem* pour les congés parentaux, les services de santé, l'éducation, le soutien aux familles, le transport en commun, etc. Le déséquilibre fiscal n'a plus besoin d'être démontré.

Comment améliorer le réseau ferroviaire, pour soulager nos routes maltraitées par les poids lourds, alors qu'il s'agit d'une prérogative fédérale ? Comment développer une vision globale du développement économique et social, dans les municipalités et les régions, alors que Québec et Ottawa financent chacun « leurs » organismes et « leurs » projets, en se marchant souvent sur les pieds ? Comment continuer de miser sur la prévention de la délinquance, l'orientation québécoise qui a fait ses preuves, alors qu'Ottawa choisit la répression en durcissant la Loi des jeunes contrevenants ?

Comme peuple québécois, quelle influence réelle avons-nous sur la politique étrangère canadienne, qui appuie habituellement la politique américaine (la guerre contre l'Irak étant une exception) ? Et sommes-nous d'accord avec une aide au développement de plus en plus inspirée par des considérations mercantiles et géostratégiques ?

Développer un projet social, politique et culturel national, au Québec, ne serait-ce pas un rempart — même relatif — contre une mondialisation qui vise à homogénéiser les économies, les institutions politiques et les cultures ? La résistance ne serait-elle pas plus facile dans un petit ensemble dont le peuple aurait défini les valeurs communes ?

Une redéfinition radicale du fédéralisme canadien ?
Prenons le problème par l'autre extrémité : pouvons-nous changer radicalement la fédération canadienne ?

Est-il possible d'imaginer le Québec dans un ensemble politique canadien complètement renouvelé, fondé sur la reconnaissance du Québec comme nation et sur la nécessité d'un partenariat d'égal à égal entre les nations québécoise, canadienne et autochtone ? Un fédéralisme asymétrique, respectueux de l'autonomie du Québec, de l'autonomie des premières nations et, au Canada anglais, des appartenances régionales ? Une fédération où l'argent des impôts irait surtout aux provinces, compte tenu de leurs immenses responsabilités sociales ?

On nous rappellera que toutes sortes de formules de renouvellement du fédéralisme ont été proposées par des penseurs et des politiciens québécois sans que rien n'ait abouti. Justement: c'est ce qui conduit tellement de citoyens à ne plus croire à une négociation avec le fédéral et les autres provinces. D'ailleurs, en avril 2004, aucun parti fédéral pancanadien ne propose clairement de changements profonds au fédéralisme, dans le sens d'une véritable décentralisation des pouvoirs et de la gestion de l'assiette fiscale.

Des principes incontournables

Est-ce l'impasse? Comment poursuivre le débat au sein d'Option citoyenne et avec la population?

Nous proposons de nous appuyer sur des principes incontournables:
- Le Québec forme une nation qui possède un droit inaliénable à l'autodétermination, sans ingérence de l'extérieur. Le Québec doit reconnaître ce même droit aux nations autochtones;
- La nation québécoise doit continuer de se donner les outils de son épanouissement, comme elle l'a fait pour la langue. Elle lutte depuis longtemps pour être reconnue comme un peuple, dont la langue commune est le français, composé majoritairement de francophones mais aussi d'anglophones aux droits historiques reconnus et de personnes appartenant à des communautés culturelles. Ce peuple a une histoire, une culture, des institutions et des valeurs qu'il veut préserver et développer;
- Le français doit continuer d'être proclamé langue officielle et langue commune de la population du Québec;
- Toute la collectivité a la responsabilité de construire le Québec du bien commun, qui favorise l'épanouisse-

ment de la langue française et de la culture tout en respectant les droits des minorités ;
- Le Québec doit avoir les moyens de ses choix. Cela implique au minimum une redéfinition *radicale* de la confédération canadienne, un partage des pouvoirs et des revenus fiscaux et la possibilité réelle pour la nation québécoise de mettre en œuvre son projet social.

Travailler en français
Une réflexion s'impose dès maintenant sur la langue de travail.

Plusieurs membres d'Option citoyenne s'inquiètent des reculs observés dans certains milieux de travail, particulièrement à Montréal. On retourne à l'habitude de parler anglais dès qu'une seule personne a de la difficulté à fonctionner en français. Mondialisation oblige, on embauche des gens provenant de l'extérieur du Québec, et les autres travailleuses et travailleurs doivent s'exprimer en anglais. On exige de plus en plus le bilinguisme à l'embauche. C'est normal pour certaines fonctions en milieu anglophone ou en lien avec l'étranger, cela l'est moins pour des personnes, des entreprises ou des organismes qui œuvrent en milieu uniquement ou majoritairement francophone.

Il devient contradictoire de protéger la langue française par l'école si le message envoyé par le marché du travail est à l'effet que l'anglais est nécessaire pour gagner sa vie. Ne vaudrait-il pas la peine d'y réfléchir dès maintenant ?

Le dernier budget Séguin comporte d'ailleurs une mesure dangereuse : en réduisant les fonds du ministère des Relations avec les citoyens et de l'Immigration, on sabre du coup les programmes de francisation des immigrants. Est-ce ainsi que nous allons construire un Québec qui parle français ?

Être ou ne pas être... un pays ?

Finalement : être ou ne pas être... un pays ? La question n'est pas réglée, la division demeure, et la réponse appartiendra au peuple québécois.

En attendant, au lieu de faire l'économie d'un débat difficile, reprenons-le à la lumière des valeurs que nous portons, à gauche et dans les mouvements sociaux.

Réfléchissons à ce que signifie la souveraineté d'un État dans le contexte de la mondialisation néolibérale, alors que tant d'États abdiquent devant les intérêts financiers. Identifions les pouvoirs dont nous avons besoin pour réaliser notre projet social, économique et culturel. Incluons dans cette réflexion des personnes indécises ou appartenant à des communautés traditionnellement allergiques à la possibilité de l'indépendance. Mettons sur pied, avec des organismes de la société civile, une commission itinérante et représentative de la diversité québécoise, pour débattre de la question nationale partout au Québec. Entamons avec des progressistes canadiens une discussion de fond sur les liens du Québec avec le reste du Canada.

Tous ces questionnements ne suggèrent pas de réponses décisives. Vous en serez peut-être surpris. Mais c'est ainsi, avec ouverture d'esprit et transparence, qu'Option citoyenne veut aborder la question nationale, dans ses rangs et avec la population du Québec. C'est ensemble que nous donnerons un nouvel élan à un enjeu collectif aussi essentiel au bien commun.

Chapitre VI
Une économie plus verte
Ou : La solidarité ne pousse pas chez les PDG de Wal-Mart

À Amqui, un soir de l'automne 2003, j'ai entendu un homme en colère — professeur et travailleur forestier — dénoncer les centaines de camions qui vident de son bois la vallée de la Matapédia. « Pourquoi ne pas fabriquer ici les meubles auxquels servira ce bois ? », se demandait-il. J'avais entendu la même remarque au Lac-Saint-Jean, à propos du lait.

À Montréal, un jeune infographiste m'a raconté sa peine d'avoir dû quitter sa région natale, le Saguenay, pour venir travailler en ville, là où sont concentrées les entreprises de nouvelles technologies. « Pourquoi le gouvernement du Québec n'a-t-il pas soutenu l'implantation de pareilles entreprises en région ? On a déjà un cégep spécialisé en communications... »

En Beauce et dans le Centre-du-Québec, on m'a parlé des usines qui ferment pour s'installer en Chine ou ailleurs, au Sud, là où les employeurs paient des salaires de misère et ferment les yeux sur des conditions de travail déplorables.

Dans l'Estrie, des femmes assistées sociales m'ont dit leur frustration à passer d'un programme d'insertion à l'autre, sans que jamais un employeur ne leur propose un emploi convenable. « Serveuse, vendeuse ? Je voudrais bien, mais les employeurs cherchent des jeunes filles, pas des femmes d'âge mûr à l'apparence moins sexy ! »

Selon Statistique Canada, le Québec n'a cessé de créer de l'emploi depuis 1994. Certains secteurs souffrent même d'une pénurie de main-d'œuvre qualifiée. Mais ces emplois disponibles ne sont pas répartis également selon les régions, l'âge et la scolarité. De sorte que près de 400 000 personnes se retrouvent aujourd'hui en chômage, parmi lesquelles beaucoup de jeunes, sans compter les milliers de personnes assistées sociales dites « aptes à l'emploi », mais dont les deux tiers n'ont pas terminé un secondaire V.

On nous dit pourtant que l'économie va bien. On nous rappelle que le Québec occupe la 19e place parmi les pays de l'OCDE et que notre produit intérieur brut par habitant est plus élevé que ceux de la Suède, du Royaume-Uni et du Danemark. Nos 268 000 entreprises font 76 milliards de dollars de revenu net aux fins d'impôt[1]. Le 27 novembre 2003, le journaliste Gérard Bérubé du *Devoir* nous annonçait le retour des profits milliardaires dans les banques, et *La Presse* du 19 février 2004, une hausse de salaire de 33 % pour les banquiers (contre 2,4 % pour les salariés québécois).

Tous les jours, les pages affaires des grands journaux décrivent les *success stories* de l'entrepreneuriat québécois coté en Bourse. Pourtant, le Conseil du patronat et la

Fédération canadienne des entreprises indépendantes (section Québec) ne cessent de harceler les gouvernements pour qu'ils diminuent l'imposition et les charges sociales des entreprises. « Nous devons être compétitifs », clament-ils ! Il est vrai qu'au Mexique ou dans les Wal-Mart américains, la main-d'œuvre est payée à des salaires défiant toute compétition (à la baisse...) et ne bénéficie d'à peu près aucun droit social. Nos entreprises invoquent la compétition (réelle !) avec d'autres pays pour réclamer encore moins de règles alors que nous voulons, au contraire, un encadrement accru de l'État.

Nous avons contre nous la vague de fond de la mondialisation néolibérale. En ce moment même, on négocie autour de l'Accord général sur le commerce des services (AGCS), à l'Organisation mondiale du commerce (OMC), et on tente d'étendre le libre-échange à l'ensemble des Amériques. Grâce à ces accords commerciaux, les transnationales jouissent désormais d'une protection mondiale contre un large éventail d'actions gouvernementales, en matière d'environnement, par exemple. Ces accords entérinent des échanges inégaux et affaiblissent les États. Les négociateurs privilégient toujours les libertés commerciales au détriment de la souveraineté des peuples. Mais qui le sait vraiment ? Les populations elles-mêmes en sont peu informées. Pourtant, Québécois et Canadiens, nous devons connaître le contenu des textes négociés et nous devons faire pression sur Ottawa, maître d'œuvre dans les négociations, pour que ces accords soient justes et équitables.

L'économie sert, au fond, à produire et à diffuser des biens et des services à la population. Mais dans quelles conditions ? Le modèle économique néolibéral actuel vise les profits les plus rapides et élevés possibles peu importe les conséquences environnementales et l'effet sur les conditions de travail. Ce modèle de développement suicidaire, il faut le remettre en question. Mais attention ! Dénoncer le capitalisme sauvage ne signifie pas abolir la liberté d'entreprendre, d'imaginer un produit nouveau, d'ouvrir un restaurant ou de posséder une ferme !

Imaginer une autre économie
Cependant, si nous voulons une société centrée sur la recherche du bien commun, il faut imaginer une économie qui respecte le droit des générations futures à un environnement de qualité ; une économie qui permette à tous et à toutes de vivre décemment, de travailler dans des conditions acceptables et de bénéficier d'un droit d'association syndicale. Cela implique de redonner à l'État un rôle dans le développement économique, de forcer les entreprises à être socialement responsables et d'encourager l'économie solidaire.

Pourquoi, par exemple, l'État ne soutiendrait-il pas davantage les PME désireuses de s'installer dans les régions accablées par le chômage et l'exode des jeunes ? Pourquoi ne pas encourager la transformation des matières premières dans les régions d'où elles proviennent ? Pourquoi le lait produit dans le Bas-Saint-Laurent doit-il être transformé (en beurre, yogourt, fromage...) dans des centres urbains pour retourner ensuite dans sa région d'origine ? Pourquoi ne pas accompagner les populations locales qui veulent créer de l'emploi dans l'économie sociale et solidaire, dans des coopératives ou des fermes familiales et biologiques ?

Les entreprises ainsi soutenues par l'État, avec l'argent de nos taxes et de nos impôts, devraient cependant respecter des conditions strictes. Non polluantes, transparentes fiscalement, elles devraient accepter la syndicalisation et contribuer au développement de leur milieu en siégeant à des organismes locaux de concertation.

À sillonner les routes du Québec, on constate l'incroyable vitalité des Québécoises et Québécois, et leur détermination à s'extirper des conditions les plus précaires. Ils ont des idées, mais pas toujours les moyens de mettre ces idées en forme. Les populations des régions veulent aussi être maîtres à bord et déterminer ce que sera le développement local.

Ces tournées ont confirmé ce que les spécialistes affirment: la prise en charge de l'économie doit revenir aux communautés locales et régionales, si nous voulons vraiment occuper le territoire québécois et sauver les régions menacées. Patrons, syndicats, organismes communautaires, groupes de femmes, environnementalistes, maisons d'enseignement et élus doivent travailler de concert au développement de leur communauté, sans nier les différences et conflits d'intérêts. C'est pourquoi la « loi 34 » adoptée par le gouvernement libéral est une erreur. En remplaçant les Conseils régionaux de développement (CRD) par des Conférences régionales des élus (CRE), cette loi laisse trop peu de place à la société civile, et en particulier aux femmes, peu nombreuses parmi les élus municipaux mais très présentes et actives dans divers organismes et mouvements sociaux.

Une économie plus solidaire
Le paysage québécois est parsemé d'entreprises coopératives ou d'organismes à but non lucratif, coopératives forestières, ressourceries, centres de la petite enfance,

organismes culturels, restos populaires, etc. Une foule d'initiatives sociales, culturelles et économiques qui créent des emplois, répondent à des besoins essentiels, revitalisent parfois des milieux de vie et qu'on regroupe sous l'appellation d'économie sociale. Voilà une nouvelle façon de faire de l'économie, prometteuse mais pas exempte de contradictions : les salaires y sont souvent modestes et la gestion démocratique pas toujours exemplaire.

En 1995, lors de la marche « Du Pain et des Roses », le mouvement des femmes revendiquait le développement d'« infrastructures sociales » pour faire contrepoids au programme fédéral d'infrastructures qui créait surtout des emplois masculins dans la construction. Ces infrastructures sociales seraient mises en place par les collectivités pour améliorer leur qualité de vie et incluraient les organismes communautaires, groupes de défense de droits, groupes de femmes, etc. Le mouvement des femmes réclamait ainsi une reconnaissance concrète du travail des femmes dans le soutien aux personnes et la création d'emplois stables dans ce secteur méconnu.

Beaucoup d'eau a coulé sous les ponts depuis. D'autres définitions de l'économie sociale ont été adoptées, d'abord par le Chantier de l'économie sociale, puis par le gouvernement péquiste. Celui-ci a progressivement restreint l'économie sociale au secteur marchand et exigé des « entreprises sociales » un niveau d'autofinancement élevé.

Pourquoi ne pas rouvrir les discussions sur une économie solidaire ? Ne serait-il pas pertinent de voir l'État soutenir plus vigoureusement la création de coopératives cogérées par les travailleuses et travailleurs et les membres ? On pourrait ainsi développer de nouveaux emplois dans l'environnement, la culture, le soutien aux personnes vulnérables, la production maraîchère, etc. Dans certains cas, les emplois s'autofinanceront largement, dans d'autres cas, ils auront besoin du soutien de l'État. Ne serait-il pas intéressant de procurer un emploi décent et correctement rémunéré à des milliers de personnes tout en répondant, entre autres, à des besoins sociaux, écologiques ou culturels ?

Un bel exemple : l'opération de sauvegarde du cinéma Dauphin, à Montréal, devenu le cinéma Beaubien. Devant la fermeture imminente de cette salle de quartier fort appréciée, un comité s'est formé, réunissant des résidentes et résidents, des commerçants et la Corporation de développement économique communautaire (CDEC). Le soutien financier du gouvernement du Québec et de la Ville de Montréal fut déterminant. Aujourd'hui, ce cinéma est un organisme à but non lucratif aux fins de loisir culturel et d'éducation qui réjouit un public grandissant de petits et grands cinéphiles... et qui est rentable ! Voilà une concertation réussie qui peut inspirer d'autres initiatives socio-économiques !

Il ne s'agit pas de remplacer les services publics ou toute forme d'entreprise privée par l'économie sociale ou d'éliminer toute forme d'entreprise privée. Mais l'organisation économique peut être plurielle et doit permettre le développement de formes collectives et démocratiques de production de biens et de services.

Attaquer la précarité de l'emploi
Des entreprises privées plus socialement responsables, des entreprises collectives gérées autrement, un État qui soutient le développement des régions et qui encadre l'économie. Mais pour créer quels types d'emploi ? N'est-il

pas frappant de constater la précarité croissante des emplois qu'on offre aux Québécoises et Québécois ?

Parce qu'elles cherchent toujours plus de flexibilité et de rentabilité, les entreprises multiplient les statuts d'emploi, ce qui rend les travailleurs et travailleuses très vulnérables. Les compagnies qui procèdent à des « restructurations » — lire : mises à pied massives — voient leurs actions s'envoler à la Bourse. Le rapport Bernier, rédigé en 2003 pour le ministère du Travail, le confirme : plus d'un emploi sur trois (36 %) au Québec est qualifié d'atypique. On parle ici du travail à temps partiel (effectué aux deux tiers par des femmes), sur appel, temporaire, distribué par une agence de placement, à domicile, etc. Résultat : de grandes inégalités à l'intérieur d'une même entreprise. En effet, ceux et celles qu'on appelle les précaires ou les atypiques n'ont pas droit au même salaire et n'ont généralement pas accès aux avantages sociaux (régime de retraite, assurance collective, etc.) consentis aux « réguliers temps plein ». Cela est socialement inacceptable.

Le rapport Bernier démontre aussi à quel point nos lois du travail et nos régimes publics de protection du revenu (indemnisation des accidents de travail, par exemple) ne protègent pas cette main-d'œuvre en croissance. La flexibilité tant recherchée par les entreprises n'entraîne pour les travailleurs et les travailleuses que détérioration des conditions, insécurité économique et discrimination. Voilà pourquoi il nous faut revoir les lois du travail et freiner la sous-traitance, le plus souvent synonyme de bas salaires et de mauvaises conditions de travail.

Par ailleurs, de plus en plus de personnes, souvent jeunes et bardées de diplômes, s'engagent dans le travail autonome, par nécessité ou par choix... pour se heurter à des conditions précaires, à des revenus instables, à une absence quasi totale de protection sociale.

Par une cinquantaine de recommandations précises et réalistes, le rapport Bernier propose de corriger le sort des travailleurs et travailleuses précaires ou autonomes. Sera-t-il condamné à s'empoussiérer sur une tablette ? Si le gouvernement n'agit pas pour assurer de bonnes conditions de travail et pour freiner la précarisation de l'emploi, qui le fera ?

Travailler, c'est trop dur...
Le travail n'a plus les formes qu'il avait. Sa valeur semble aussi en train d'évoluer. Depuis quelques années, de plus en plus de jeunes couples réclament une conciliation plus facile de la vie familiale et du travail, y compris plusieurs jeunes pères. De l'autre côté, des femmes dans la cinquantaine s'épuisent à force de « performer » au travail en même temps qu'elles doivent encadrer fermement leurs adolescents et soigner leurs parents âgés. Pourquoi acceptons-nous ce rythme de fous ? N'est-il pas urgent de remettre le travail à sa place ? De cesser d'y attribuer tout le sens de nos existences ?

Là aussi, l'iniquité est frappante. Certains travaillent trop, ils accumulent du temps supplémentaire, pendant que d'autres se voient confinées au temps partiel. Pourquoi ne pas partager davantage le travail, favoriser l'embauche plutôt que le temps supplémentaire, introduire des horaires permettant une vie familiale plus satisfaisante ? N'y a-t-il pas lieu d'imaginer une vision renouvelée du travail ? Serait-il possible, par exemple, de valoriser le travail gratuit et socialement utile des femmes et des hommes par des mesures fiscales et une reconnaissance des acquis à l'embauche? Pourrions-nous imaginer des avenues de soutien du revenu permettant à des adultes de retourner aux études, à temps plein ou partiel?

Et jusqu'où consommer?
Réfléchir au sens du travail, à son partage possible, nous force à réfléchir à nos besoins essentiels... et à notre goût du superflu! Si nous travaillons autant, c'est souvent pour acheter plus de ce confort matériel vite associé au bonheur. Notre mode de production nourrit notre mode de consommation. À moins que ce ne soit l'inverse? Cercle vicieux, en tout cas, que celui-là.

Avons-nous vraiment besoin de deux ou trois voitures par famille, d'un téléphone par pièce, de jouets luxueux pour nos enfants? Avons-nous besoin de toute l'énergie produite sur la planète, sachant à quelles aberrations environnementales cela nous conduit? Jusqu'où voudrons-nous nous endetter pour nous procurer tout ce que la publicité nous implore d'acheter? Le solde des cartes de crédit a grimpé de 30% au Québec, en 2003, par rapport à 14% ailleurs au Canada.

Notre surconsommation entraîne un gaspillage des ressources de la planète. Pas besoin de militer dans un groupe environnementaliste pour comprendre les appels lancés depuis des décennies maintenant par les Hubert Reeves, René Dumont, Louise Vandelac, Laure Waridel... Nous savons que nous paierons le prix de toutes nos atteintes à l'intégrité de la planète: déjà les fonds marins contaminés par les déversements pétroliers, les forêts décimées, la couche d'ozone trouée, la chaleur excessive qui fait 10 000 morts en France, le smog sur Montréal, et l'eau qui manque à des millions d'humains... nous font appréhender des scénarios encore plus catastrophiques.

La région de Nicolet nous offre un beau cas de politique centrée uniquement sur la croissance, sans égard aux conséquences humaines et écologiques. La MRC Nicolet-Yamaska est un territoire à 98 % agricole. Parmi les principales cultures, on retrouve le maïs-grain, (40 % de la production agricole), la luzerne, le foin cultivé, le soja, l'orge et l'avoine. L'élevage des bovins, incluant le bœuf et la production laitière, est en tête des productions animales, suivi par le porc et la volaille.

Or, que se passe-t-il dans cette région? Entre 1971 et 1996, le nombre de fermes a été réduit de moitié et la superficie moyenne cultivée par exploitation a plus que doublé. Incapables de racheter ces mégafermes, les jeunes quittent donc la région. Plus encore : l'intensification de l'agriculture s'est faite au détriment de l'environnement. Par exemple, l'augmentation des surfaces en culture et l'épandage des fumiers ont accéléré le rythme du déboisement : 100 hectares de forêt perdus chaque année depuis 1996. À son tour, cette déforestation détruit la rivière Nicolet : elle est envahie par des sédiments provenant des terres arables non protégées et cultivées sans respect de la bande riveraine. L'embouchure est envasée, le fond de la rivière a diminué de moitié pendant que la qualité de l'eau se détériore sans cesse.

L'Union paysanne n'exagère donc pas quand elle affirme, dans son *Manifeste* :

> On est en train de détruire l'agriculture. [...] On transforme les régions rurales en une sorte de désert et de parc industriel. L'agriculture dont nous avons besoin n'est pas celle des multinationales et des fermes-usines,

mais celle de cultivateurs et de paysans soucieux de leur terre[2].

Les agriculteurs québécois, qui sont passés de 140 000 en 1950 à 32 000 de nos jours, sont devenus de véritables entrepreneurs qui exportent de plus en plus leurs produits, avec succès. Mais ce succès n'est pas dénué de contradictions — et de deuils.

Nous ne proposons pas de cesser les exportations de produits alimentaires ou de limiter obligatoirement la taille des fermes. Nous suggérons plutôt une véritable réflexion collective sur la production agricole, les conséquences environnementales de nos choix collectifs, y compris l'introduction des OGM, l'accessibilité des produits du terroir dans les grandes chaînes d'alimentation, etc. Ce sont des débats qui nous concernent toutes et tous, citoyennes et citoyens des villes ou des campagnes.

Et nos exportations agricoles, largement subventionnées par nos États riches, quel impact ont-elles sur les petites fermes familiales des pays du Sud ? Pays que les accords commerciaux internationaux ou les consignes du Fonds monétaire international (FMI) contraignent à cesser tout soutien à leur agriculture ! De nombreuses familles paysannes en Asie, en Afrique et en Amérique latine n'arrivent plus à vendre localement le produit de leur travail puisque les produits importés du Nord — notre blé subventionné — sont vendus à moindre prix chez eux. Alors que font-elles, ces familles que j'ai entrevues en Inde ou au Pérou ? Elles migrent vers des villes surpeuplées où la misère domine...

Pour une approche écologique rassembleuse

Parce que notre façon d'exploiter la terre affame des populations et assoiffe la terre elle-même, nous n'avons d'autre choix que de repenser nos modes de production et de consommation. L'auteur Serge Mongeau, précurseur de la « simplicité volontaire », propose une « économie de la décroissance[3] ». Ce concept audacieux nous oblige à revenir à nos valeurs. Le bonheur réside-t-il dans l'accumulation des richesses et des biens matériels... ou dans la qualité de nos relations humaines et communautaires en même temps que dans la réalisation du potentiel de chacun et chacune ?

De façon très concrète, des producteurs agricoles, des militantes et militants écologistes, des milliers de personnes soucieuses de la qualité de l'environnement au Québec, innovent, proposent, dénoncent et revendiquent... une meilleure qualité de vie sur notre territoire. La sociologue et féministe Louise Vandelac écrit qu'une approche écologique rassembleuse permettrait au Québec, parce qu'il dispose entre autres d'importantes ressources en eau,

> d'occuper un créneau privilégié en Amérique du Nord et d'élargir d'autant ses marchés tout en stimulant les productions locales et les économies régionales, évitant ainsi la pollution génétique des OGM tout en réduisant les impacts négatifs de l'agriculture sur la santé des populations et des écosystèmes[4].

Or, rares sont les partis qui proposent une vision globale, à long terme, d'un développement durable. Malgré les inquiétudes de la population, malgré les milliers de citoyens et citoyennes qui descendent dans les rues pour contester la construction de la centrale thermique du

Suroît ou l'incinérateur de Belledune, sur les rives de la baie des Chaleurs, quels partis traditionnels ont la lucidité d'appuyer les propositions fort raisonnables des groupes écologistes québécois ?

Ces propositions sont nombreuses. Un moratoire sur la captation de l'eau souterraine : nos nappes phréatiques sont à l'heure actuelle un « bar ouvert » pour des promoteurs privés. Une véritable enquête publique sur la gestion de la forêt québécoise et la promotion des projets d'écoforesterie. Le développement des énergies renouvelables comme l'éolien et le solaire couplé à la réduction de la consommation par l'efficacité énergétique. L'étiquetage obligatoire des aliments modifiés génétiquement et le soutien de l'agriculture biologique locale. La promotion du commerce équitable pour nous permettre, consommateurs du Nord, d'être justes avec les producteurs du Sud. La promotion du transport en commun, cet outil de lutte contre les changements climatiques. Un moratoire sur l'exploration gazière et pétrolière dans le golfe du Saint-Laurent. La réduction de la production de déchets et l'amélioration des programmes de recyclage. La protection des terres agricoles, particulièrement autour de Montréal.

« Encore une longue liste d'épicerie trop coûteuse, dira-t-on. Encore de l'utopie pour pelleteux de nuages ! » Non, ces propositions ne sont pas farfelues et hors de portée économiquement. Elles sont applicables à court terme, à condition que les gouvernements et les entreprises prennent un virage écologique à 180 degrés. À condition aussi que les consommatrices et consommateurs gâtés que nous sommes fassent leur examen de conscience.

Car nous sommes tous et toutes responsables, des dégâts comme des solutions. N'accuser que les Exxon et les Bush de ce monde serait trop facile. Nous sommes responsables, désormais, de nous informer, d'ouvrir les yeux, de refuser l'inacceptable et de proposer des alternatives. Comme le font les opposants au Suroît ou à Belledune.

Mais ces engagements collectifs ne suffiront pas. Nous devons, individuellement, revoir nos modes de vie portés vers le gaspillage et la consommation effrénée d'énergies et de ressources naturelles. Et être conséquents. Par exemple, comment réagissons-nous devant la nouvelle taxe sur les voitures trop énergivores? Pourrions-nous assumer une hausse de la taxe sur l'essence pour développer davantage le transport en commun? Passerions-nous au covoiturage? Que pensons-nous de la remise en vigueur de péages sur quelques grandes autoroutes? Sommes-nous prêts à diminuer notre consommation d'électricité, à exiger que les grands édifices de nos villes éteignent les lumières après les heures de bureau, à cesser d'utiliser le boyau d'arrosage pour laver l'entrée de garage? Quand nous déciderons-nous à composter nos déchets? Exigerons-nous dans nos assiettes des aliments non modifiés génétiquement?

Question plus difficile: comment réagirions-nous si une usine polluante venait s'installer dans notre région malmenée par un haut taux de chômage? Pouvons-nous renoncer à un avantage à court terme s'il est démontré que nous allons au-devant d'un désastre écologique à moyen ou long terme?

Ces questions, nous devons avoir le courage de les aborder crûment. De plus en plus de personnes y sont prêtes. Le bien commun l'exige, comme l'avenir de nos enfants. N'y a-t-il pas là un enjeu fondamental qui devrait nous tenir à cœur, plus que toute autre chose?

Chapitre VII
Le rôle de l'État
Ou : Pourquoi nous ne payons pas trop d'impôts

Jean-Louis est un assisté social de 48 ans. Il a perdu son emploi dans une usine de patins des Laurentides et n'est pas arrivé à en trouver un autre. Il touche 533 $ par mois. Son petit deux et demi lui coûte 300 $ par mois, sans compter l'électricité et le chauffage. Il n'a pas le choix : pour se nourrir, il visite régulièrement une banque alimentaire. Le dernier budget Séguin n'est pas fait pour lui.

À plus de 70 ans, Florence vit seule et reçoit 16 000 $ annuellement en pensions des deux gouvernements. Dur, dur de vivre convenablement à Gatineau avec ce maigre montant.

Des Jean-Louis et des Florence, j'en ai entendu des dizaines depuis quelques années, qui m'ont livré des morceaux de leur vie, qui ont partagé leurs angoisses et leurs rêves. La plupart travaillaient, d'autres étaient sans emploi ou venaient d'immigrer. Des hommes et des femmes dont la situation économique illustre celle de milliers de gens au Québec.

Tania et Louise, par exemple, travaillent et ont deux jeunes enfants. Comme leurs emplois sont précaires, elles gagnent ensemble autour de 42 000 $ par année. Elles rêvent d'acheter un appartement à Montréal, mais ne voient pas le jour où ce sera possible, surtout si les prix continuent d'augmenter. Le budget Séguin leur donnera un petit montant additionnel en soutien à la famille.

Sylvie est mère monoparentale, à l'aide sociale, d'un enfant de deux ans. Elle vit à Sherbrooke. Elle reçoit un peu plus de 1000 $ par mois, incluant sa prestation fiscale pour enfants. En 2005, les nouvelles mesures du budget Séguin l'aideront enfin à payer son loyer de 450 $ par mois et à mieux nourrir son enfant.

Moussa travaille 40 heures par semaine comme emballeur dans une manufacture, à Montréal, et gagne 7,80 $ l'heure. Avec trois enfants, il n'y arrive pas et doit donc cumuler deux emplois.

Alain et Ginette vivent à Baie-Comeau. Ils ont un enfant et travaillent tous les deux. Leur revenu familial brut s'élève à 55 000 $. Ils ont l'impression de payer trop d'impôts compte tenu des services publics disponibles dans leur région.

Le voilà, le vrai visage du Québec, derrière la froideur des statistiques. La vraie majorité silencieuse. Car au Québec, en 2002, 192 000 personnes recevaient le salaire minimum, parmi lesquelles les deux tiers étaient des femmes. Le taux de chômage continue de stagner autour de 8 % (beaucoup plus dans plusieurs régions) et on compte aujourd'hui près de 500 000 personnes assistées sociales dont 25 % sont des enfants.

Yves Chartrand, fiscaliste au Centre québécois de formation en fiscalité, rappelait dans le journal *Les*

Affaires qu'«un contribuable sur deux (49,4 %) ayant produit une déclaration de revenus en 2001 a déclaré un revenu inférieur à 20 000 $ [1] ». Cette donnée ne tient pas compte du revenu familial.

La journaliste Marie-Claude Girard écrivait dans *La Presse* qu'« entre 1984 et 1999, la richesse réelle médiane des ménages les plus pauvres a diminué et celle des ménages les plus riches a augmenté [2] ». Illustration parmi d'autres : la construction de maisons de luxe a augmenté au Québec alors qu'en ce moment, 50 000 ménages locataires montréalais consacrent plus de 80 % de leur revenu à se loger.

Qu'est-ce que c'est, déjà, la phrase liminaire de la Déclaration universelle des droits de l'homme ? « Tous les êtres humains naissent libres et égaux en dignité et en droit. » Les écarts de richesse qui se creusent constamment depuis 20 ans ne sont pas chose normale. Il y a là un État qui ne joue pas son rôle.

Car l'État a le devoir d'assurer le respect des droits humains fondamentaux — y compris les droits économiques, sociaux et culturels — de toute la population, de renforcer la démocratie, de redistribuer la richesse collective et de garantir des services publics de qualité (santé, éducation, accès à l'eau potable, culture, etc.). Si nous concevons ainsi le rôle de l'État, nous devons accepter volontiers de payer des impôts. Mais nous exigerons aussi l'accès à de bons services et une plus grande redistribution de la richesse.

Comment l'État doit-il remplir ce dernier devoir social ? Il est certain qu'un emploi stable, rémunéré décemment, procure une sécurité financière aux individus et aux familles. C'est pourquoi (*voir le chapitre VI*) l'État doit inciter les entreprises à offrir prioritairement des emplois à plein temps et à durée indéterminée. Il doit contribuer à créer plus d'emplois dans le secteur de l'économie solidaire et améliorer la protection sociale consentie aux travailleuses et travailleurs autonomes. Il doit hausser le salaire minimum, comme le demande depuis des lunes l'organisme Au bas de l'échelle, et faciliter le droit à la syndicalisation, y compris pour la proportion croissante de travailleurs et travailleuses « atypiques ». Il doit enfin soutenir les régions dans leur développement économique et social.

Et tout cela, pourtant, ne suffira pas si l'État ne revoit pas de fond en comble un système fiscal inéquitable.

La fiscalité, c'est-à-dire les revenus que l'État prélève auprès des particuliers et des entreprises pour assumer les tâches qui lui sont dévolues, n'a pas bonne presse. Beaucoup se plaignent de payer trop de taxes et d'impôts. « Les Québécois sont les plus taxés en Amérique du Nord ! » clament les chefs d'entreprise et certains économistes. Leur nouveau mantra : « Il faut réduire les impôts ! »

C'est ce que le Parti québécois a commencé à faire en 1998, augmentant ainsi les écarts de richesse entre les personnes à revenu faible ou moyen et les riches. Selon l'enquête de Statistique Canada sur les finances des consommateurs, dans les 20 % les mieux nantis de la société québécoise, une famille gagnant 96 135 $ en 1997 voyait son revenu augmenter à 118 086 $ en 2000. Pendant ce temps, les familles à bas revenu voyaient celui-ci stagner.

Le Parti libéral, quant à lui, avait promis des baisses d'impôt de 1 milliard de dollars par an lors de la dernière campagne électorale. Le budget Séguin a privilégié un soutien accru aux familles à faible et moyen revenu.

Mais payons-nous trop d'impôts ?

Payons-nous vraiment trop d'impôts ? Comme Jean-François Lisée et Michel Venne, je réponds : non !

Ce dernier écrivait récemment :

> Le ministère des Finances du Québec a calculé que si on avait appliqué en 2001 la structure ontarienne, les contribuables québécois auraient versé 4,2 milliards de dollars de moins au fisc québécois. Par contre, les entreprises québécoises auraient versé 1,4 milliard de dollars de plus. Globalement (particuliers et entreprises), les Québécois paient donc 2,8 milliards de plus en impôts et taxes que s'ils vivaient en Ontario.
>
> En revanche, les Ontariens paient l'électricité beaucoup plus cher qu'au Québec. La différence s'élève à près de 2,5 milliards de dollars, selon les calculs de Lisée. En somme, ce que les Québécois paient en impôt, les Ontariens le paient en électricité, à la différence que, pour le même montant, les Québécois reçoivent, en retour, plus de services publics.
>
> Lisée a produit une liste non exhaustive de programmes existants au Québec, mais pas en Ontario (services de garde à 7 $, prestations pour enfants, assurance-médicaments, bourses aux étudiants, subventions à l'école privée, etc.) Il en a découvert pour plus de 4 milliards de dollars. Donc, les Québécois paient peut-être 2,8 milliards de dollars de plus en impôts que les Ontariens, mais ils obtiennent pour 4 milliards de dollars de plus en services, et ils paient pour 2,5 milliards de dollars de moins que leurs voisins en électricité [3].

Si la recherche du bien commun nous tient à cœur, si nous voulons que toute la population ait accès à des services publics de qualité, à des mesures de soutien aux familles, à des transports collectifs... si nous désirons nous attaquer résolument à la pauvreté et diminuer les écarts de richesse, alors il faut consentir à payer notre juste part d'impôt. L'État a le pouvoir de légiférer et d'agir pour distribuer équitablement la richesse et les services. Qu'il l'utilise, ce pouvoir! Et cela ne veut pas dire décourager l'initiative individuelle ou communautaire!

Comment, malgré tout, dissiper cette fâcheuse impression de payer trop pour ce que l'on reçoit? Comment nous assurer que chacune et chacun fait sa part, y compris et surtout les entreprises millionnaires et leurs dirigeants?

La seule manière d'en avoir pour notre argent, c'est de veiller à ce que l'État remplisse ses missions avec intégrité et transparence. À condition d'élire le parti qui reflète le mieux nos valeurs, qui a les mêmes priorités que nous. À condition aussi d'agir en citoyennes et citoyens engagés non seulement avant mais après les élections.

Quant aux moyens très concrets de rendre notre fiscalité plus équitable, plusieurs pistes s'offrent à nous:
- L'État tire ses revenus à 31 % de l'impôt des particuliers, à 22 % des taxes à la consommation (une augmentation de 5 % depuis 1997) et à 16 % de l'impôt des entreprises. Ne devrions-nous pas revoir cette répartition en ciblant davantage les entreprises, tout particulièrement les grandes entreprises?
- Ensuite, pourquoi ne pas ajouter un taux d'imposition pour les contribuables gagnant plus de 100 000 $ par an? Actuellement, le taux maximum de 24 % s'ap-

plique au-delà du seuil de 54 195 $, quel que soit le revenu.
- Également, il serait possible de rééquilibrer le système fiscal en réduisant la part des composantes plus régressives, comme la taxe de vente, tout en élargissant la part des composantes plus progressives comme l'impôt sur le revenu. Par exemple, diminuer de 1 % la taxe de vente, inéquitable puisqu'elle s'applique indifféremment aux pauvres, à la classe moyenne et aux riches. Par contre, imposer une taxe de vente plus élevée sur les produits de luxe.
- Les très riches, entreprises ou individus, utilisent plusieurs formes d'évitement fiscal, bien décrites dans l'ouvrage de la fiscaliste Brigitte Alepin, *Ces riches qui ne paient pas d'impôts*[4]. Cela pourrait se corriger en imposant davantage les bénéfices des grandes entreprises, en réduisant les possibilités de report d'impôt et en éliminant les abris fiscaux qui ne profitent qu'à une très mince partie de la population.
- Les entreprises, encore, reçoivent beaucoup de subventions et de crédits d'impôt. Il faudrait scruter ces mesures à la loupe afin de ne conserver que celles qui sont indispensables au développement de l'emploi (dans des régions à haut taux de chômage, par exemple) ou à la recherche et développement. Quant aux entreprises polluantes, il faudrait leur imposer des pénalités fiscales.

Ce sont là quelques pistes à discuter plus à fond. Rappelons-nous aussi que nous acheminons la moitié de nos impôts à Ottawa, qui engraisse ses surplus annuels plutôt que de nous reverser notre part. Plus grave encore, nous avons peu d'emprise sur les priorités du gouvernement fédéral. Désirons-nous vraiment que nos impôts servent à acheter du matériel militaire, à faire voyager une gouverneure générale et à entretenir un Sénat ?

Pendant ce temps, l'État du Québec ne dispose pas de tous les revenus nécessaires pour améliorer ses programmes sociaux et ses services publics et pour lutter contre la pauvreté.

Lutter contre la pauvreté : une question de justice et de dignité

La lutte contre la pauvreté fait partie de ma vie depuis longtemps. À travailler dans des quartiers populaires, à l'R des centres de femmes ou à la Fédération des femmes du Québec, j'ai acquis une conviction inébranlable : la pauvreté est une atteinte à la dignité humaine et un scandale, surtout dans une société riche comme la nôtre.

Selon l'étude la plus récente du Conseil national du bien-être social du Canada, il y avait au Québec, en 1999, 1 084 000 citoyennes et citoyens qui vivaient sous le seuil de faible revenu fixé par Statistique Canada, soit l'équivalent de 14,7 % de la population du Québec.

Devant un tel chiffre, plusieurs vont chercher la petite bête. Oui, il y a des jeunes qui vivent chez leurs parents, oui, la pauvreté est parfois transitoire. Mais tout de même, 1 million de personnes, c'est beaucoup, c'est trop !

On sait que la pauvreté a un sexe... et qu'*elle* est souvent mère monoparentale. Selon le Conseil national du bien-être social, les mères seules travaillant à temps plein toute l'année avaient un taux de pauvreté de 19,7 % en 1999, au Canada ! Être immigrant ou immigrante entraîne aussi la pauvreté : en 2001, selon Statistique Canada, 26,9 % des immigrants vivaient sous le seuil de faible revenu au Québec, et cela montait à 40,4 % pour les minorités visibles. Même phénomène pour les autochtones: entre 1993 et 1999, la moitié des autochtones habitant hors réserve vivaient dans la pauvreté.

Portrait troublant pour le soi-disant « plus meilleur pays au monde ». Est-ce le même pays pour tout le monde?

Si la pauvreté est avant tout économique, elle a des conséquences sociales dramatiques: perte d'estime de soi chez les individus, ostracisme et mépris de la part des bien-pensants, anxiété devant les comptes à payer, stress, difficultés familiales, isolement, maladie, espérance de vie plus courte que la moyenne générale, etc. C'est suffisant, il me semble, pour décider de s'attaquer résolument à cette plaie sociale, s'attaquer à la pauvreté, et non s'attaquer aux pauvres, comme on le fait si souvent dans notre société.

Car les réformes successives à la Sécurité du revenu, depuis 15 ans, ont eu pour effet de diminuer le pouvoir d'achat des personnes assistées sociales (moins 30 % depuis 1989), de les diviser en catégories de pauvres méritants ou non méritants, de les promener d'un programme d'insertion à l'autre sans grands résultats. Si l'on compte moins de personnes assistées sociales aujourd'hui qu'il y a 10 ans, c'est simplement parce que l'économie va mieux. Mais pour celles et ceux qui ne peuvent pas travailler, la situation est extrêmement pénible.

Bien sûr, le combat contre la pauvreté ne se résume pas à une hausse des prestations à la Sécurité du revenu. Combattre la pauvreté suppose que l'on s'occupe d'éducation, d'emploi, de formation continue, de santé, de logement et de soutien communautaire. Il faut entre autres mieux accompagner les milliers de jeunes à la recherche d'un emploi valorisant et mieux les former pour les secteurs en demande.

Le plan d'action déposé récemment par le gouvernement Charest applique un baume sur les besoins des familles, mais ne résout en rien la situation urgente des personnes seules soit à l'aide sociale, soit au salaire minimum. Un barème plancher relatif est instauré à l'aide sociale, c'est-à-dire que la prestation de 533 $ par mois ne pourra plus être réduite sauf dans les cas de recouvrement administratif (et ce, même si l'erreur est celle du fonctionnaire!) ou de fraude. Les barèmes ne sont pas augmentés et sont seulement indexés partiellement. À cette hauteur, franchement, comment couper davantage?! La « prime au travail » est avantageuse pour les familles à faible revenu, mais ne donne presque rien aux personnes seules. En fait, cette prime est intéressante... pour bon nombre d'entreprises qui ne seront pas incitées à augmenter leurs bas salaires!

On encourage les personnes assistées sociales aptes à suivre des cours ou à s'engager dans des mesures d'insertion au travail... mais on coupe les budgets d'Emploi-Québec, responsable des programmes d'insertion. Belle logique!

La lutte contre la pauvreté est donc loin d'être terminée. Répétons-le, elle est globale, requiert un engagement constant de l'État, des décideurs locaux et régionaux, de toute la société. Les entreprises doivent embaucher des personnes assistées sociales et accepter de les former; des écoles doivent offrir des cours avec accompagnement personnalisé et à long terme; les organismes communautaires qui reçoivent, écoutent et accompagnent les personnes assistées sociales dans un processus d'insertion au travail doivent obtenir plus de soutien de l'État et de la communauté.

À court terme, des mesures urgentes doivent être adoptées, à savoir :
- la hausse immédiate des prestations de la Sécurité du revenu, de façon à couvrir les besoins essentiels des personnes et des familles ;
- un accroissement majeur du financement de nouveaux logements sociaux ;
- le retour à la gratuité des médicaments pour les personnes assistées sociales et les personnes âgées qui bénéficient du supplément de revenu garanti ;
- une hausse substantielle du salaire minimum ;
- une augmentation du financement des mesures prévues par Emploi-Québec pour la réintégration à l'emploi ;
- l'abolition de la comptabilisation de la pension alimentaire versée à un enfant dans le calcul du revenu des familles à l'aide sociale ou recevant des prêts et bourses.

Pour un revenu de citoyenneté ?
Plusieurs réclameront plutôt l'instauration d'un revenu de citoyenneté. Cette formule a le mérite de poser crûment la question du droit à un revenu décent pour toutes et tous. Elle évite le piège du jugement posé sur les personnes en situation de pauvreté. Elle permet probablement de regrouper plusieurs programmes de soutien au revenu et donc, de simplifier la gestion administrative.

Mais… il y a plusieurs problèmes. D'abord, contrairement à une croyance répandue, il y a peu de chances que ce revenu minimum soit assez élevé pour satisfaire aux besoins des personnes. Il faudra aussi tenir compte de situations particulières, comme celle de personnes handicapées avec des besoins spéciaux. Et puis ce revenu de citoyenneté ne risque-t-il pas de pousser les employeurs à réduire leurs salaires et leurs conditions, sachant que l'État va suppléer au manque de revenu et de sécurité financière des individus ?

Enfin, cette mesure aurait-elle l'effet pervers envisagé par l'économiste Diane-Gabrielle Tremblay ?

> Du côté des économistes féministes, écrit-elle, on craint une marginalisation des femmes et un retour au foyer puisqu'une formule de revenu minimum d'insertion ou de revenu de citoyenneté entrerait en concurrence avec les bas salaires de nombreuses femmes et tendrait à les inciter à quitter le marché du travail [5].

D'autres féministes, par contre, soutiennent que la proposition d'un revenu de citoyenneté s'inscrit dans une révision fondamentale de ce qui doit être considéré socialement utile à la société. L'éducation des enfants, la participation à un groupe d'entraide, l'action sociale ne sont-elles pas des contributions essentielles à l'organisation sociale et, par conséquent, ne devraient-elles pas être reconnues et rémunérées ?

Quoi qu'il en soit, nous poursuivrons nos débats sur la question. Nous chercherons des formules qui donneront plus de dignité à la population, mais demanderont plus d'efforts aux entreprises, à l'État et à toute la société. Car pour nous, à Option citoyenne, la lutte pour éliminer la pauvreté doit devenir la priorité absolue d'un gouvernement de gauche. Rien de moins. C'est une question élémentaire de justice et de dignité.

Chapitre VIII

Au service du public
Ou : Mieux vaut être riche, diplômé et en santé...

Dans son film *Les Invasions barbares*, acclamé par la critique et le public, Denys Arcand descend en flammes les services de santé québécois. Patrons corrompus, syndicats mafieux, urgences encombrées, traitements non disponibles, rien n'échappe à l'œil acéré du cinéaste. Qu'un film de fiction grossisse les travers d'un système, quoi de plus courant ? me suis-je dit.

Mais entendre Denys Arcand expliquer en entrevue que nous avons le pire système de santé dans tout le monde industrialisé, voilà qui m'a stupéfiée ! Aux États-Unis, 18 000 Américains meurent chaque année parce qu'ils n'ont pas accès à une couverture adéquate d'assurance-maladie [1].

Cela dit, notre système de santé, comme nos établissements d'éducation ou nos services sociaux, alimente la controverse. Pour trois raisons : le peuple a le sentiment de payer trop d'impôts et de taxes pour les services reçus ; l'attente trop longue pour des visites médicales, des traitements ou des soins à l'urgence crée beaucoup d'insécurité ; enfin, les ténors du néolibéralisme nous martèlent qu'il faut dégraisser l'État et confier plusieurs de ses responsabilités au secteur privé.

Commençons par déboulonner quelques mythes trop répandus ! Essayons ensuite de proposer quelques solutions aux problèmes de financement et d'accessibilité.

Comment être en bonne santé ?

Pour qui veut évoluer dans une société centrée sur le bien commun, la vie elle-même est l'enjeu fondamental. Comment rester en vie ? Comment demeurer en bonne santé lorsqu'on est pauvre, lorsqu'on subit un environnement malsain, lorsque la vieillesse et l'isolement nous minent, lorsque le stress de mauvaises conditions de travail nous tue à petit feu ?

C'est donc avec une vision large, englobante et environnementale qu'il faut aborder la santé au lieu de la réduire à la seule dimension des services. Les meilleurs services au monde n'agiront pas sur les gaz à effet de serre ou sur la « malbouffe ». Le meilleur CLSC n'empêchera pas les enfants d'Hochelaga-Maisonneuve, à Montréal, de respirer les émissions polluantes de la rue Notre-Dame et d'éprouver des problèmes respiratoires. La médecine n'a pu que soulager les travailleurs morts d'amiantose.

Comme la pollution, la pauvreté est un handicap qui raccourcit l'espérance de vie et rend le *Guide alimentaire canadien* quasi inaccessible. Même si les autorités nous encouragent à manger mieux, les légumes coûtent cher, en hiver !

Penser prévention, c'est aussi modifier nos habitudes de vie. On fait grand cas, ces temps-ci, des graves problèmes de santé provoqués par la sédentarité et l'épidémie d'obésité. Fort bien, mais comment corriger le tir auprès des jeunes et des adultes tant que la publicité nous vantera — comme idéal de vie — le cinéma maison, le *fast-food* ou le véhicule utilitaire sport (VUS) de l'année ? De plus, l'obsession de la performance fait passer pour des paresseux ceux et celles qui ne travaillent pas 50 heures par semaine ! Comment trouver le temps pour la famille, l'exercice, la culture, les loisirs ?

Notre état de santé collectif dépend enfin de la qualité de nos rapports sociaux. Une femme victime de violence, humiliée, terrorisée, gardera des séquelles souvent permanentes. L'isolement et la détresse des personnes âgées ou handicapées sont souvent à l'origine de leurs problèmes de santé mentale ou physique. Être en bonne santé, ce n'est pas seulement ne pas être hospitalisé ! C'est surtout avoir la capacité de vivre pleinement, de construire des rapports harmonieux avec son entourage, d'exercer une citoyenneté active dans son milieu.

Une fois le contexte esquissé, revenons à la situation précaire des services de santé. Le débat fait rage sur leur organisation et leur financement. Car ils coûtent cher : 42,6 % du budget du Québec pour 2004-2005. Voilà pourquoi les ténors néolibéraux, le gouvernement Charest en tête, tentent de nous convaincre qu'il faut changer les modes de financement et de dispensation des services. Déjà le gouvernement veut fusionner de nombreux établissements de santé (tiens donc, c'est bon, les fusions ?). Il impose également le regroupement d'accréditations syndicales fort disparates. Quant à Mme Monique Jérôme-Forget, présidente du Conseil du trésor, elle prépare pour la santé comme pour les routes des partenariats public-privé (PPP) en consultant des firmes... privées, qui se lèchent déjà les babines !

La situation est-elle si critique ? André-Pierre Contandriopoulos, expert et professeur à l'Université de Montréal, l'admet :

> Le Québec est placé devant une alternative difficile : Soit il laisse le système de soins dériver et il abandonne peu à peu les valeurs sur lesquelles reposent ses grandes institutions, soit il entreprend rapidement et vigoureusement une réforme en profondeur de l'organisation de son système pour lui redonner une cohérence suffisante et lui permettre de répondre aux attentes de la population et de refléter les valeurs de la société[2].

Pour un système public vigoureux

À Option citoyenne, notre choix est clair : il faut préserver un système public accessible également à tout le monde, sans distinction de statut social ou d'appartenance régionale.

Sondage après sondage, la population québécoise l'a répété : elle préfère renoncer aux baisses d'impôt plutôt que de voir se dégrader l'accessibilité aux soins de santé. Quant aux vertus miraculeuses du financement privé des services de santé, plusieurs auteurs, dont le sociologue François Béland, ont expliqué qu'il engendre des coûts additionnels pour la population : « Les exemples suisse et américain laissent entrevoir une augmentation des coûts totaux des services de santé à la suite de l'introduction du financement privé[3]. »

Des coûts plus élevés (sinon, d'où viendraient les profits pour les partenaires privés ?), mais aussi un risque de voir diminuer l'accessibilité. Dans les pays où l'on a grossi la part du privé dans l'offre des services, on a remarqué des effets pervers : augmentation faramineuse des revenus des médecins sans que l'accès aux soins soit réellement amélioré, dégradation de la qualité des services publics et augmentation des temps d'attente, alourdissement de l'appareil de gestion, nécessité de souscrire à une assurance privée, etc.

Des solutions variées et imaginatives
Nous ne nions pas que le financement du système soit un vrai problème, auquel il n'y a pas de réponse facile. À problème complexe, opposons des solutions variées et imaginatives. Depuis quelques décennies, universitaires, militants et chercheurs en politiques sociales en ont proposé :
– Il faut tout d'abord agir en amont du système et *prévenir* l'apparition de la maladie. Cela suppose une action vigoureuse et concertée des acteurs publics et de la société civile pour éliminer la pauvreté, travailler à un environnement sain, mieux concilier vie personnelle et familiale et travail, développer de saines habitudes de vie, etc. ;
– Il faut développer des services sociaux et de santé de base, de plus en plus accessibles à la population, par exemple, les soins à domicile sans lesquels une partie de la population âgée se retrouve à l'hôpital. Et apporter un soutien professionnel et financier à et ceux que l'on appelle les « proches aidantes et aidants » : des femmes, la plupart du temps, qui prennent soin de leurs proches ;

- Nous devons introduire un régime public et universel d'assurance-médicaments et nous donner les moyens de mieux contrôler l'explosion des coûts des médicaments provoquée par la voracité des compagnies pharmaceutiques;
- Le paiement à l'acte pour les médecins pourrait être aboli et remplacé par une rémunération salariale, dans la mesure où ces professionnels offrent un service public entièrement financé par l'État, par le biais des impôts et des taxes payés par la population;
- Il faut immédiatement renforcer le rôle des CLSC comme acteurs multidisciplinaires de premier plan dans la dispensation de services sociaux et de santé, au plan de la prévention, des soins curatifs et de l'organisation communautaire;
- L'organisation des services de santé doit valoriser le travail d'équipe, multidisciplinaire et de concertation entre établissements (ce qui n'implique pas des fusions forcées!). Les professionnels de la santé doivent être appelés à travailler là où on a besoin d'elles et d'eux, c'est-à-dire dans toutes les régions du Québec;
- Nous devons agir rapidement pour que cesse le gaspillage de talent et d'énergie des personnes immigrantes munies de diplômes que nos ordres professionnels ne reconnaissent pas;
- Il faut enfin encourager la participation citoyenne dans les collectivités locales, afin que les gens puissent exprimer leurs besoins en matière de services sociaux et de santé et orienter les décisions.

D'autres questions supposent des débats exigeants que nous ne pourrons éviter. Par exemple, jusqu'où financerons-nous des technologies médicales onéreuses?

Privilégierons-nous la prévention, parent pauvre de l'actuel système ? Sur quelles bases éthiques faut-il trancher ? Et comment imaginer un financement collectif accru des services de santé ? Toutes ces questions, loin d'être anodines, sont fondamentales, comme est fondamental le droit à des services de qualité.

Apprendre pour comprendre le monde
Tout comme la santé, l'éducation apparaît à la plupart d'entre nous comme un droit, une nécessité, une valeur à préserver. Beaucoup d'enfants du tiers-monde seraient heureux d'envahir les bancs d'une école obligatoire jusqu'à 16 ans !

Car une bonne éducation n'est pas seulement le passeport pour un meilleur emploi, c'est surtout un outil pour mieux comprendre le monde qui nous entoure. Apprendre, s'interroger, développer son sens critique : voilà des remparts contre les idées reçues, le conformisme social, l'adhésion à des normes et des valeurs dictées par les puissants. J'entendais récemment à la radio l'écrivain Dany Laferrière raconter que lorsqu'il était enfant, sa mère l'obligeait à faire des devoirs durant les trop nombreux jours de congé décrétés par le dictateur François Duvalier, qui voyait en l'école un terreau de contestation sociale !

Au Québec, nous avons fait des pas de géant quant à l'éducation des garçons et des filles depuis les années 1960. Selon la sociologue Céline Saint-Pierre, de la Chaire Fernand-Dumont sur la culture, à l'INRS Urbanisation, Culture et Société, le taux d'obtention d'un diplôme d'études secondaires est de 83 % au Québec, ce qui est plus élevé que la moyenne des pays de l'OCDE[4]. Et selon Simon Langlois, sociologue à l'Université Laval, la proportion de jeunes Québécois possédant un diplôme universitaire est passée de 5 % en 1971 à 17 % aujourd'hui [5].

Est-ce à dire que nous n'avons aucun problème? Bien sûr que non, et nous devons nous inquiéter, entre autres, du décrochage scolaire de nombreux jeunes, particulièrement les garçons. Nous savons aussi que nos cégeps sont les mal-aimés du système (fort injustement, à mon avis) et que nos universités souffrent de sous-financement. D'autres questions reviennent hanter l'actualité régulièrement: le financement des écoles privées, la sélection des élèves dans un système public de plus en plus happé par la performance et la concurrence, l'apathie ou la révolte de plusieurs jeunes devant un système d'apprentissage qui les ennuie et les rebute, particulièrement au secondaire.

Comment avancer dans ces débats?

L'école pour favoriser l'égalité des chances
À Option citoyenne, nous pensons qu'il faut se rebrancher aux objectifs premiers du système: faciliter des apprentissages de base (lecture, écriture, mathématiques, géographie, histoire, sciences...), mener les jeunes vers des emplois valorisants, mais aussi développer la citoyenneté. Cette dernière fonction de l'école implique des programmes ouverts aux débats qui agitent la société québécoise, en tenant compte de l'âge des enfants, bien entendu. Dans les classes comme dans la famille, il faut discuter de racisme, de rapports hommes-femmes et de sexualité, incluant l'homosexualité. Mais par-dessus tout, l'école doit favoriser entre tous les enfants l'égalité des chances, bien malmenée par les discriminations socio-économiques.

Si nous arrivons à nous entendre collectivement sur ces objectifs, l'école amènera tous les enfants à développer leur potentiel, quel que soit leur rythme, sans oublier ceux et celles qui éprouvent des difficultés d'apprentissage. Beaucoup se fait déjà en ce sens, mais les coupes draconiennes effectuées par le gouvernement Bouchard, au nom du déficit zéro, ont affecté le personnel non enseignant: orthophonistes, psychologues, psychoéducateurs et éducatrices, etc. À ce moment-là, nous avons collectivement accepté de réduire les services aux enfants en difficulté, alors que nous avons la responsabilité de les éduquer, comme tous les autres enfants.

Interrogeons-nous aussi sur la nouvelle mentalité qui consiste à voir l'école comme un bien de consommation, à magasiner comme une voiture ou un réfrigérateur. Chaque parent veut une éducation de qualité pour ses enfants, c'est normal. Il me paraît moins normal d'introduire dans le système scolaire la notion de concurrence, illustrée chaque année, jusqu'à la caricature, par le palmarès du magazine *L'actualité*.

Insidieusement, on en vient à «privatiser» le public, à vouloir que les écoles publiques fonctionnent selon les mêmes lois que l'entreprise privée: concurrence, performance sans égard aux caractéristiques propres à une école (de milieu défavorisé, par exemple), complaisance devant plusieurs parents-consommateurs très exigeants qui demandent presque une «garantie après vente»! C'est ainsi que de plus en plus d'écoles publiques pratiquent une sélection ouverte, concentrant les «bons» élèves dans des écoles à projets spéciaux et laissant les autres — ainsi que leurs professeurs — se débrouiller dans des écoles plus dépourvues. Pourquoi tous les enfants n'auraient-ils pas droit à des projets spéciaux ?

Cela nous entraîne vers une question plus délicate : alors que l'Ontario — à laquelle nos chefs politiques aiment tant comparer le Québec quand ça fait leur affaire — ne donne aucune subvention à l'école privée, l'État québécois finance ces établissements à hauteur de 60 %. Comme l'écrivait l'enseignante Christine Bellerose : « Il est étonnant de constater qu'au Québec, on condamne la médecine à deux vitesses alors que l'éducation à deux vitesses y est acceptée et que l'écart entre ces deux vitesses semble même s'élargir[6]. »

L'effet pervers de cette situation, c'est que les bons élèves des classes moyennes et aisées s'engouffrent dans les écoles privées, surtout au secondaire et surtout dans les centres urbains. Leurs parents, dès lors, ne se sentent aucunement concernés par l'amélioration de l'école publique. D'autant plus que celle-ci se retrouve avec un nombre disproportionné d'élèves en difficulté ou avec des troubles de comportement. Est-on en train de privilégier une minorité de jeunes au détriment de la majorité ? Est-il temps de remettre en question la hauteur des subventions étatiques à l'école privée ?

Par contre, il nous semble dangereux de mettre en cause, comme le font certains, l'existence des cégeps, cette créature typiquement québécoise. La tournure que prend parfois ce débat est inquiétante. Ces établissements représentent un pôle culturel important pour les régions. Ils permettent à des milliers de jeunes de poursuivre des études supérieures à proximité de leur foyer. Ils outillent garçons et filles dans la recherche d'une orientation, d'un métier, tout en leur donnant une bonne formation générale. Ils ont sans doute des faiblesses… mais ne jetons pas le bébé avec l'eau du bain!

Les universités : un patrimoine collectif
Quant aux universités, il faut réfléchir sérieusement à leur rôle et à leur financement. Je crois, quant à moi, que les universités appartiennent à notre patrimoine collectif. Ce sont des lieux d'enseignement, bien sûr, mais aussi de recherche, de réflexion et d'innovation dont nous avons besoin.

L'enjeu est, au fond, assez simple : qui doit payer ? Principalement les étudiantes et étudiants — et leurs parents — ou l'ensemble de la société ? On adopte le principe de l'utilisateur-payeur ou l'on convient que des universités solides et convenablement financées profitent à toute la société… ce qui nous rend tous et toutes responsables de leur développement ? Il est vrai que les diplômes universitaires conduisent souvent — mais pas toujours : parlez-en aux philosophes ou aux historiens ! — à des emplois intéressants et bien rémunérés. Mais il serait trop réducteur de regarder le financement universitaire sous cet angle seulement.

En clair, faut-il augmenter les droits de scolarité ? Notre réponse est non. Les droits de scolarité actuels freinent déjà l'accès aux études supérieures à des jeunes issus des milieux populaires. N'en rajoutons pas.

Plutôt que d'emboîter le pas au gouvernement Charest — qui vient d'ajouter à l'endettement étudiant en convertissant une partie des bourses en prêts —, il faudra imaginer d'autres manières de financer les universités. Pourquoi ne pas exiger une contribution spéciale des entreprises, grandes bénéficiaires de la formation des diplômés universitaires? Pourrions-nous, par exemple, augmenter légèrement leur contribution de 1 % de la masse salariale pour la formation professionnelle (qui devra être exigée de toutes les entreprises dont la masse salariale dépasse 250 000 $) et consacrer ces montants additionnels au financement des universités? Cela serait beaucoup plus intéressant que les ententes de partenariat que des universités et des cégeps signent déjà avec des entreprises privées, au risque de voir celles-ci s'ingérer dans les programmes scolaires ou les projets de recherche.

Enfin, un gouvernement de gauche devra se pencher sérieusement sur l'éducation des adultes et l'alphabétisation. Trop de nos concitoyennes et concitoyens ont de la difficulté à évoluer dans le monde actuel, qui exige plus de connaissances pour travailler ou même participer à la vie sociale. Le soutien aux groupes populaires en alphabétisation devra être amélioré.

D'autres missions pour l'État

La santé et l'éducation sont les services publics les plus essentiels, les plus coûteux, et ceux qui passionnent le plus l'opinion québécoise. Mais l'État a d'autres missions à remplir: transports collectifs, logements sociaux, accès à la culture, services sociaux, services de garde... Encore là, des services qui doivent échapper à la seule logique marchande. Le défi est de préserver le bien commun, c'est-à-dire une réelle accessibilité. Se loger, se transporter à coût abordable, il faut y reconnaître des droits sociaux.

Pourtant, à voir l'explosion des loyers à Montréal et ailleurs, on a l'impression que le logement est devenu un produit de consommation comme un autre. Tous ces propriétaires qui, profitant de la rareté, réclament une déréglementation totale de la Régie du logement, comprennent-ils que le droit au logement est inaliénable ? Savent-ils que depuis trois ans, à Montréal, des centaines de familles se retrouvent sans logement à l'été et doivent s'entasser pendant des semaines, parfois des mois, à plusieurs familles dans un même espace ?

L'État québécois doit donc investir massivement dans le logement social et maintenir des règles strictes dans le domaine du logement locatif. Nous devons aussi obliger Ottawa à s'impliquer beaucoup plus dans le financement du logement social.

Prenons un autre exemple, celui des services de garde. Notre réseau de Centres de la petite enfance (CPE), gérés par les parents et à coût modique (enfin, moins modique qu'avant...) fait l'envie des parents canadiens. Malheureusement, le gouvernement actuel a décidé d'ouvrir de nouvelles places en milieu familial mais aussi dans des garderies privées, contrôlées uniquement par leurs propriétaires, plutôt que dans un système parapublic qui a fait ses preuves. Voilà où mène l'aveuglement idéologique !

Idéologie ou religion ? La privatisation de grands pans de nos services publics nous est présentée comme une solution avantageuse. Encore une fois, on nous leurre ! Nous paierons peut-être moins d'impôts puisque l'État se déchargera de ses responsabilités sur le marché. Mais n'allons pas croire que les entreprises s'occuperont de nous gratuitement ! Nous paierons cher pour nous assurer contre la maladie, pour monter dans un autobus, consulter une thérapeute ou chauffer nos maisons. La différence, c'est que devant la maladie ou les difficultés de l'existence, nous serons encore moins égaux qu'aujourd'hui.

Citons une fois de plus Joseph Stiglitz, Prix Nobel de science économique, écrivant dans *Quand le capitalisme perd la tête* :

> Nos nouveaux héros financiers ont fait chorus avec d'autres pour propager un mythe supplémentaire : les problèmes de l'économie viennent du *big government*, ce grand méchant État qui nous force à payer des impôts écrasants et nous accable de réglementations. La conclusion coule de source : il faut réduire l'État à la portion congrue, diminuer les impôts, déréglementer. Mais la déréglementation [...] a souvent donné cours, au contraire, à de nouvelles sources de conflits d'intérêts et à des méthodes inédites pour manipuler les marchés. [...] Parmi les PDG ayant présidé à la fête, beaucoup sont partis avec des milliards en laissant actionnaires et salariés dans les pires difficultés. Les contribuables ordinaires ont dû régler en partie la facture... Cela a été le cas en Californie avec la déréglementation de l'électricité[7].

Pensons à qui le « crime » rapporte : qui va vraiment bénéficier de la « réingénierie » de l'État québécois ? La population ou bien des dizaines d'entreprises qui s'attendent à des juteux contrats ? Ces entreprises donneront quelle rémunération et quelles conditions de travail à leurs employés, des femmes surtout, puisque les femmes sont majoritaires dans les services aux personnes ? Comment pourrons-nous garantir la qualité et l'accessibilité des services, sinon en établissant des modes coûteux et complexes de vérification ?

L'avenir n'est pas du côté d'une plus grande commercialisation des services. Au contraire, le Québec du bien commun se construira d'abord sur la solidarité, l'engagement citoyen, une juste rémunération du travail accompli, mais aussi la multiplication des échanges gratuits.

Et vivent les organismes communautaires!
Au cœur même de cet engagement citoyen, trop souvent bénévole, agissent les organismes communautaires qui ont pour tâche de défendre des droits, d'éduquer, d'accueillir, de soutenir.

J'ai travaillé et milité de nombreuses années dans des organismes communautaires et des groupes de femmes. J'y ai rencontré des personnes exceptionnelles par leur intelligence critique et leur générosité. Ces banques alimentaires, maisons de jeunes, centres de femmes, groupes d'entraide ou de loisirs, centres d'action bénévole, groupes d'alphabétisation, associations de locataires, etc. réunissent des milliers de personnes, mettent sur pied des services de proximité, organisent des activités d'éducation populaire, développent une réflexion alternative à la médicalisation des problèmes sociaux, revendiquent des droits sociaux. Les femmes sont majoritaires dans ces groupes et leur action sociale et citoyenne est irremplaçable!

Les organismes communautaires ne comblent pas seulement des besoins individuels. Ils expriment la volonté collective de milieux de vie qui veulent se prendre en main, développer des solidarités et proposer des solutions aux inégalités économiques, sociales et culturelles. C'est ce qui les rend si précieux et indispensables.

De plus, ce mouvement communautaire est désormais un secteur d'emploi non négligeable. Des emplois largement féminins et mal rétribués. Il serait temps, compte tenu de leur rôle névralgique auprès des collectivités, qu'un État responsable améliore substantiellement les conditions des travailleuses et des travailleurs dans les organismes communautaires.

Plus encore que l'État, c'est toute la société qui doit reconnaître la place des organismes communautaires dans la livraison de services sociaux et de santé. Et en conséquence respecter leur autonomie, leurs orientations et leur vie démocratique.

Chapitre IX

Et maintenant ?

*Ou : La balle d'une utopie
réalisable est dans votre camp*

Cette mince plaquette, écrite dans l'urgence, n'est pas un programme politique. Je voulais, nous voulions, d'abord apporter des idées et, peut-être, de l'espoir. Expliquer aussi quelles sont les orientations d'Option citoyenne — ce beau *work in progress* — et partager le rêve des changements possibles.

Notre perspective générale est celle de la recherche du bien commun, dans le respect des droits et de la diversité des besoins. Que nous parlions de santé, d'économie, d'environnement, d'éducation, de besoins sociaux, de culture, du « vivre ensemble », nous abordons la réalité en posant toujours les mêmes questions : sommes-nous en train de garantir des droits égaux à toutes et à tous ? Respectons-nous les droits des minorités ? Travaillons-nous à un développement économique et social qui soit profitable aux générations futures ? Élargissons-nous nos solidarités entre nous et avec les peuples du monde ?

C'est sur la base de ces valeurs que nous avons tenté d'illustrer ce que serait le Québec du bien commun, ce pays dont nous rêvons. Option citoyenne veut maintenant en discuter avec vous, amis lecteurs et lectrices.

« Cet été, je ferai un jardin… », chantait Clémence. Cet été, nous ferons plutôt une tournée, pour semer nos graines à nous, pour aller à votre rencontre, pour recueillir vos commentaires. Pour savoir quand nous passerons chez vous, visitez notre site Internet ou téléphonez-nous.

En novembre 2004, un rassemblement national réunira les membres d'Option citoyenne. Ce sera le moment d'approfondir les orientations proposées ici. Par la suite, les porte-parole d'Option citoyenne approcheront rapidement d'autres partis progressistes tels l'Union des forces progressistes (UFP) et le Parti vert. Et qui sait ? Au printemps 2005, le Québec comptera peut-être une seule alternative politique de gauche, inspirée plus particulièrement par les analyses féministes, écologistes et altermondialistes. C'est du moins notre objectif.

Nous saluons les efforts de l'UFP pour opérer un premier regroupement de forces jusque-là divisées. À Option citoyenne, nous désirons sincèrement que le dialogue entre nous soit fructueux et donne naissance à une force politique encore plus rassembleuse, porteuse d'une utopie de changement, ouverte aux débats constructifs et qui puisse faire élire des candidates et des candidats à l'Assemblée nationale.

Maintenant, la balle de cette utopie réalisable est dans votre camp. La prendrez-vous au bond ?

À PROPOS D'OPTION CITOYENNE

Vous VOULEZ entrer en contact avec Option citoyenne ? Devenir membre ? Vous engager dans un comité ? Apporter une contribution financière ?

Vous désirez commenter *Bien commun recherché* ? Entrer en dialogue avec nous ? Participer à la tournée d'Option citoyenne dans votre région ?

Voici comment nous joindre.

Par téléphone
(514) 256-2585

Par la poste
5997, rue de Marseille, Montréal QC H1N 1K6

Par courriel
info@optioncitoyenne.ca

En visitant notre site Internet
www.optioncitoyenne.ca

Notes

Chapitre II
1. Groupe de recherche sur la démocratie municipale et la citoyenneté, dans *À bâbord*, janvier-février 2004, p. 17.

Chapitre III
1. Jean Ziegler, *Les nouveaux maîtres du monde*, Paris, Fayard, 2002, p. 13 et 15.
2. Rapport de l'Organisation internationale du travail, 2004, cité par Éric Desrosiers, *Le Devoir*, 25 février 2004, p. C-1.
3. Joseph Stiglitz, *La grande désillusion*, Paris, Fayard, 2002, p. 17.
4. Jean-Paul Jouary, *Virtualités*, vol. 3, n° 4, avril-mai 1997, p. 33.

Chapitre IV
1. Clairandrée Cauchy, « Un choix strictement économique », *Le Devoir*, 22 décembre 2003, p. A-1.

2. Rollande Parent (Presse canadienne), « Le Québec, un État raciste ? », *Le Devoir*, 29 janvier 2004.
3. *Cf. Gazette des femmes*, vol. 24 n° 5, janvier-février 2003, p. 30.
4. *Ibid.*, p. 28.
5. Lise Bissonnette, préface à Raymond Cloutier, *Le beau milieu*, Outremont, Lanctôt, 1999.
6. Raymond Cloutier, « La culture », dans Michel Venne (dir.), *Justice, démocratie et prospérité*, Montréal, Québec/Amérique, 2003, p. 134.

Chapitre V

1. Alain Touraine, cité par Michel Venne dans « Une nation », *Le Devoir*, 23 juin 2003.

Chapitre VI

1. Ministère des Finances du Québec, *Statistiques fiscales des sociétés, année d'imposition 1999*, 2003.
2. Union paysanne, *Manifeste : pour une agriculture paysanne*, Saint-Germain-de-Kamouraska, 2001, disponible en ligne sur le site <www.unionpaysanne.com>.
3. *Cf.* M. Bernard, V. Cheynet et B. Clémentin (dir.), *Objectif décroissance. Vers une société viable*, Montréal, Écosociété, 2003. Cet ouvrage collectif comprend un texte de Serge Mongeau : « Vers la simplicité volontaire ».
4. Louise Vandelac, « Pour un Québec vert et bleu », dans *Justice, démocratie et prospérité, op. cit.*

Chapitre VII

1. Yves Chartrand, cité par Dominique Froment, « Notre régime fiscal est prisonnier de notre pauvreté », *Les Affaires.com*, 5 février 2004.

2. Marie-Claude Girard, « La vie quand on est riche », *La Presse*, 21 octobre 2003, cahier « Actuel », p. 2.
3. Michel Venne, « Le fisc veut votre bien », *Le Devoir*, 2 février 2004, p. A-7.
4. Brigitte Alepin, *Ces riches qui ne paient pas d'impôts*. Montréal, Méridien, 2004.
5. Diane-Gabrielle Tremblay, « La nouvelle insécurité économique », dans *Justice, démocratie et prospérité, op. cit.*, p. 178.

Chapitre VIII

1. *Cf.* André-Pierre Contandriopoulos, « La préservation du système de santé », dans *Justice, démocratie et prospérité, op. cit.*
2. *Ibid.*, p. 103.
3. François Béland, dans Michel Venne (dir.), *L'annuaire du Québec 2004*, Montréal, Fides, p. 408.
4. Céline Saint-Pierre, dans *L'annuaire du Québec 2004, op. cit.*, p. 466.
5. Simon Langlois, dans *L'annuaire du Québec 2004, op. cit.*, p. 465.
6. Christine Bellerose, « Un regard venu de l'Ontario. Les élèves difficiles, ou les ravages de l'école privée », *Le Devoir*, 10 juillet 2003, p. A-7.
7. Joseph Stiglitz, *Quand le capitalisme perd la tête*, Paris, Fayard, 2003, p. 237.

Les Éditions Écosociété
De notre catalogue

Objectif décroissance
OUVRAGE COLLECTIF

Sur une planète finie, la croissance économique infinie est impossible. Pour que se déploie une «économie saine», les pays riches devraient réduire leur production et leur consommation. Une démarche de décroissance devra aller au-delà d'une simple réduction de la production et de la consommation: il faudra développer et encourager politiquement un modèle économique complètement différent.
ISBN 2-921561-91-3. 262 pages.

La simplicité volontaire, plus que jamais...
SERGE MONGEAU

«Quand je pense aux conséquences négatives de la société d'abondance, je pense à la vie de tous les jours, à la santé, au travail, à l'amour, à la communauté, au bonheur, tout cela qui ne s'achète pas ou, quand on croit pouvoir l'acheter, coûte finalement trop cher, car on doit sacrifier le meilleur de sa vie à gagner de quoi le payer.»
ISBN 2-921561-39-5. 272 pages.

Le virage à droite des élites polltiques québécoises
JACQUES B. GÉLINAS

Ce livre à expliqué comment et pourquoi la classe politique québécoise a basculé à droite. Comment et pourquoi nos élites politiques, sourdes aux appels d'une société civile en éveil, ont embrassé *de facto* la voie du néolibéralisme qui met à mal les écosystèmes, dévaste les régions, creuse les inégalités sociales et entraîne la dégénérescence de la démocratie. ISBN 2-921561-94-8. 247 pages.

L'élan du changement
Stratégies nouvelles pour transformer la société
MICHAEL ALBERT
TRADUIT DE L'ANGLAIS PAR PHILIPPE DUHAMEL

Michael Albert analyse les nouveaux mouvements sociaux et met en lumière des obstacles placés, parfois par eux-mêmes, en travers de l'action des gens qui militent pour un monde meilleur. Il propose un projet qu'il souhaite sérieux et crédible: l'économie participative. Une invitation à un moment de réflexion et de distance critique, ainsi qu'à un effort d'imagination du monde meilleur que l'on pourrait souhaiter.
ISBN 2-921561-87-5. 174 pages.

Faites circuler nos livres.

Discutez-en avec d'autres personnes.

Inscrivez-vous à notre Club du livre.

Si vous avez des commentaires, faites-les-nous parvenir; il nous fera plaisir de les communiquer aux auteurs et à notre comité éditorial.

Les Éditions Écosociété
C.P. 32052, comptoir Saint-André
Montréal (Québec)
H2L 4Y5

Courriel: info@ecosociete.org
Toile: www.ecosociete.org

NOS DIFFUSEURS

EN AMÉRIQUE **Diffusion Dimédia inc.**
539, boulevard Lebeau
Saint-Laurent (Québec) H4N 1S2
Téléphone: (514) 336-3941
Télécopieur: (514) 331-3916

EN FRANCE **Distribution du Nouveau Monde (DNM)**
30, rue Gay-Lussac
F-75005 Paris
Téléphone: 01 43 54 49 02
Télécopieur: 01 43 54 39 15
Courriel: liquebec@noos.fr

EN BELGIQUE **Aden Diffusion**
165, rue de Mérode
B-1060 Bruxelles
Téléphone: 025 344 662
Courriel: adendif@skynet.be

EN SUISSE **Diffusion Fahrenheit 451**
Rue du Valentin 11
1400 Yverdon-les-Bains
Téléphone et télécopieur: 024 / 420 10 05
Courriel: fahrenheit_451@bluewin.ch

---

*Achevé d'imprimer en mai 2004 par les travailleurs
et les travailleuses de l'imprimerie Gauvin, Gatineau (Québec),
sur papier certifié Éco Logo contenant 30% de fibres post-consommation.*